Pマーク ISMSを取ろうと思ったら読む本

仲手川 啓
NAKATEGAWA KEI

幻冬舎MC

はじめに

個人情報の漏えいやコンピュータウイルス感染など、情報セキュリティに関連する事件が後を絶ちません。

東京商工リサーチによると2021年の1年間で、120社の上場企業とその子会社が個人情報の漏えい・紛失事故を起こしたと公表し、漏えいした個人情報は合計で約574万人分に達しています。USBメモリや端末の紛失や置き忘れ、メールの誤送信、不正アクセスによるものなど原因はさまざまですが、いったん個人情報漏えいを引き起こせば、企業経営に及ぼす影響は甚大です。

2014年には、通信教育の大手企業が約3500万件もの個人情報漏えいを引き起こしました。この企業は利用者への謝罪対応や調査・対策などに260億円を費やし、特別損失を計上して一気に赤字決算に転落しました。当然、株価は下落し、ブランドイメージも失墜。会員数は減少し、経営の根幹を揺るがす大事件になりました。

その後も、2020年12月には、大手のスマートフォン決済サービスのサーバーが攻撃を受け、データベースに登録されていた最大約２０００万件の個人情報が漏えいするという事件も起こっています。

情報漏えいによる損害は決して他人事ではなく、適切な情報セキュリティ対策を取っていなかった場合、企業規模にかかわらず生じる可能性があります。自社で情報漏えいが生じれば、社会的信頼を失うのはもちろん、顧客への損害賠償支払いなどへ発展すれば事業の継続すら危ぶまれる事態に陥りかねません。こうしたリスクを回避するために、プライバシーマークやＩＳＭＳ（Information Security Management System）といった第三者機関の外部監査を受け、個人情報保護や情報セキュリティを確保することが、企業活動を継続するうえで必要不可欠となっています。

実際に自治体が事業者を公募する際に、プライバシーマークの取得を応札業者の推奨条件としたり、大手企業が事業の委託先を選択する際に、このマークの保有企業を優先したりするといったことも増えています。

しかし、プライバシーマークやＩＳＭＳは、ただ取得していればいいというものではありません。先の漏えい事件を引き起こした通信教育大手も、プライバシーマークの取得企業でした。重要なのは認証を取得する過程です。自社にとって守るべき個人情報とは何か、その保護のために何が必要なのかを社内で議論したうえで自社の業務に合わせてルールをつくり確実に運用できる体制を築く必要があります。そして取得の全過程を通して、社員一人ひとりが情報セキュリティに関するリテラシーを高めることで、認証を掲げるにふさわしい会社になるのです。

プライバシーマーク取得のためには、規準となるＪＩＳ Ｑ １５００１を理解したうえで、ルールづくりをする必要があります。さらにそれが円滑に機能する体制の構築も不可欠です。しかし、プライバシーマーク取得の一連の流れを日々の業務と並行しながら自社のみで進めるのは難しく、パートナーとしてコンサルタント会社を使いながら取得を目指すのが一般的です。

そのため、プライバシーマーク取得支援を行うコンサルタント会社がありますが、ここ数年でその数が急増し、玉石混淆の状態になっています。

プライバシーマーク取得支援事業に、免許や資格要件はありません。極端にいえば、誰でも今日からコンサルタント事業を行うことができるため、新規参入する会社が増えているのです。そのなかには「低価格」「全部丸投げでお任せください」といったことを誘い文句にとにかく受注を取ろうという会社が存在しています。

しかし、安さを謳う会社は、通り一遍のガイダンスを行うだけで実質的には何もせず、取得ができなければ「お宅の会社のせいです」と言い逃れする傾向にあります。「全部丸投げでお任せください」という会社は、顧客には何もさせず、何もレクチャーせず、ただ審査機関から要求される体裁だけを整えてテクニカルに審査をやり過ごしてしまいます。

このようにコンサルタント会社に「丸投げ」で認証を取得できたとしても、当然社内の運用体制は機能せず、個人情報保護に関するリスクはなくなりません。これでは本来防げるはずの不正アクセスやコンピュータウイルスによる被害、情報漏えいなどがいつ起こっても不思議ではない状態なのです。

私はプライバシーマーク取得を支援するコンサルタント会社の代表を務め、これまでに累計で2300件を超える認証取得支援を行ってきました。

当社が支援した会社のなかには、新規取得時に依頼したコンサルタント会社にいい加減な対応をされ、「認証がなかなか取得できなかった」「初年度は取得できたが、更新ができなかった」という事例が多くありました。またコンサルタント会社に「丸投げ」で依頼し、認証を取得した企業のなかにはプライバシーマークやＩＳＭＳを運用するうえで気をつけるべきポイントを情報管理担当者がまったく理解していないケースもあったのです。これでは、せっかく取得した認証も有名無実であり、やがては情報漏えいを引き起こし、企業生命が脅かされかねません。

本書は、プライバシーマークやＩＳＭＳについての基礎知識や取得方法はもちろん、取得の鍵を握るコンサルタント会社について、どのようなタイプや特徴があり、どう選べばいいのかについて詳しく解説しています。

プライバシーマークを取得しようとする皆さんのお役に立ち、豊かな情報活用社会をともに築き上げていく一助となれば幸いです。

Ｐマーク・ＩＳＭＳを取ろうと思ったら読む本　目次

［第2章］営業効率アップ、取引先の拡大、個人情報の漏えいのリスク回避

Pマーク・ISMS取得のメリット

［第4章］「安い！」「丸投げで取得可能！」の謳い文句は危険

［第１章］

進む情報活用社会 情報セキュリティのリスク管理が 企業には不可欠

進展する情報活用社会

2020年7月、日本政府は「世界最先端デジタル国家創造宣言・官民データ活用推進基本計画」を発し、「データがヒトを豊かにする社会の実現」に向けた官民データ活用推進基本計画を公表しました。

そのなかで政府は、今後積極的にデータ活用を進める準公共分野として、健康・医療・介護・教育・防災・モビリティ・農業・水産業・港湾・インフラを挙げています。すでに行政サービスの電子化、マイナンバーの活用、民間の利用に供するためのオープンデータの取り組みなどが活発に進められています。

また民間企業においても、マーケティングや新たなサービス・商品の開発を目指したデータ活用が急拡大しています。総務省が2020年に報告した企業アンケートによれば、5年前の調査に比べeコマースにおける販売記録データやPOS（point of sales 販売時点情報管理）データの活用に取り組む企業は3倍以上になっています。またWEBサイトへのアクセスログや動画・映像視聴ログ、ブログやSNSの記事データ、GPSデータ、防犯・監視カメラデータの活用についても2倍から、多いものでは5倍以上に増加しています。eコマースやさまざまなクラウドサービスの普及、センサーの性能向上や小型化などにより、企業のもとに収集・蓄積されるデータは爆発的に増大しています。これらのデータを最も巧みに活用したものがビジネスの勝者となり、次の社会のサービスのスタンダードをつくり上げるという時代になっています。

この新たな情報活用社会には、データの活用に伴うプライバシーへの配慮や情報セキュリティの確保が欠かせません。データの管理を適正に行うことを置き去りにして活用のみが進み、機密情報漏えいなどの事故を起こせば、情報の活用そのものにブレーキがかかりかねません。実際、漏えい事故は増加を続けているのです。

増え続ける情報漏えい事故

東京商工リサーチの調査によると2021年に上場企業とその子会社で個人情報の漏えい・紛失事故を公表したのは120社、事故件数は137件、漏えいした個人情報は約574万人分に達しています。しかもこれは上場企業が自ら公表したものに限った数字です。実態はさらに多い可能性があるのはいうまでもありません。

２０２１年に入っても大手金融機関の約47万件の個人情報の委託先への誤送信、会員制マッチングアプリ運営会社からの１７１万件を超える会員データの流出、大手航空会社からの１００万件を超える会員情報の流出などその他の小さな規模のものも含めれば、情報漏えい・紛失事故はかなりの頻度で発生しています。

さらにコロナ禍で定着した在宅勤務は、セキュリティ上のリスクを高めるものとなりました。

情報処理推進機構（ＩＰＡ）が毎年公表している「情報セキュリティ10大脅威」の２０２１年版では、「組織向け脅威」の第1位は「ランサムウェアによる被害」、第２位が「標的型攻撃による機密情報の窃取」、そして第3位に昨年まではみられなかった「テレワーク等のニューノーマルな働き方を狙った攻撃」が新たに登場しました。また「個人向け脅威」についてもコロナ禍でデジタル手段による支払いやオンラインショッピングの利用が増えたことが影響し、第1位が「スマホ決済の不正利用」、2位が「フィッシングによる個人情報等の詐取」となり、さらにＳＮＳなどの利用拡大を反映して「ネット上の誹謗・中傷・デマ」が第3位となっています。

一般的には個人情報を含むデータの社外への持ち出しは禁止されていることが多いですが、USBメモリなどにデータを転送して外に持ち出されるケースが増加しました。

ネットワークの問題もあります。企業ネットワークの場合、ファイアウォールやIPS（不正侵入防御システム）、Webフィルタリングといった防御網が構築されています。しかしリモートワークが拡大した今、自宅ではこのような多重の侵入防止対策がなく、家庭用のブロードバンドルーターのみであり、高い防御性能は期待できません。

さらに単独で業務に当たり身近に相談相手がいないという意味でもリスクが高まります。社員全員がオフィスにフル出社していれば、情報の扱いについて相互に気を配り確認するといったこともできますが、自宅ではそうした機会はありません。このような意味でも情報漏えいリスクは大きくなっているのです。

コロナ禍が強いた社会全体の急速なデジタル化は、セキュリティ面において、まだまだ準備不足であったという事実を明らかにするものでした。企業は改めて自社が抱える情報セキュリティ上の脅威に直面させられています。

パーソナルデータ利用のためには高度な保護の仕組みが必要

しかし、情報漏えいのリスクを伴うからといってデジタルデータの利用を躊躇することはできません。ネットワークを通して膨大に集積されるデータの利用を抜きにビジネスや社会生活は成り立たないのです。

特にパーソナルデータは個人の嗜好やニーズを具体的にとらえ訴求したい対象を絞り込んでアプローチすることを可能にするものとして、広告・宣伝活動の重要なファクターとなっています。

わが国はすでに2008年をピークに総人口の減少に入りました。右肩上がりに増える「人口ボーナス」に支えられてサービスや商品が売れた時代は過去のものです。最新のテクノロジーを最大限に活用しながら誰が何に関心をもち、どこで何をしているか、いつ何を買ったかといったことを示すパーソナルデータから顧客のプロフィールをつかみ、一人ひとりに狙いを定めて効率良くアプローチをすることが、売上を確保する重要な要素になっています。いわゆる「データマーケティング」や「ターゲティング広告」などと呼ばれているもので、すでに多くの企業で取り組みが進んでいます。

しかし、このパーソナルデータは、万一漏えい事故などを起こせば損害賠償の請求を受ける可能性があるだけでなく、社会的な信用を失い顧客も喪失するなど、経営の屋台骨を揺るがす事態に発展しかねないものです。

個人情報の管理については、年を追って厳しくなっています。今何が要求されているのか、それに応える体制は確保できているのかといった現状を知り、自社の仕組みづくりをしっかりと行っていく必要があります。例えるなら高出力のエンジンを搭載した車には、高性能のブレーキが必要です。高度なデータ利用を進めるなら、同時に個人情報を保護し、情報セキュリティを確保する厳格な仕組みが求められます。

社会の要請に応え、それを上回る堅固なセキュリティ体制を確立しなければ、サイバーリスクが高まるなかでの情報活用を自信をもって進めることはできません。

厳しくなる個人情報保護

企業に対する個人情報保護の要求は、デジタル化の急速な進展とデータ利用が進むなかで高まる一方です。

特にここ数年は、GAFA（Google、Amazon、Facebook、Apple）に代表されるプラットフォーマーによる個人情報をベースにしたビジネスの急速な伸展とSNSの普及のなかで、個人情報保護の動きが加速しています。プラットフォーマーが日々収集しているパーソナルデータがどう使われているのか、社会全体で不安と不信が高まっているのです。

実際プラットフォーマーの下には、誰が何に興味をもち、何を検索し、どんなものを購入し、いつ誰とどんなチャットをしているかという情報が収集され、それが分析され、ビジネスに使われています。サービス利用者の画面に突然求めてもいない商品の広告が現れたりするのもそのためです。それに対しても世界で「プライバシー権」を掲げた個人情報保護の声が上がっているのです。

情報セキュリティに関連した法律や制度の整備

個人情報保護の動きは、インターネット網が世界に解放されウィンドウズ95が登場し、世界の情報通信環境が一変した20世紀の終盤に始まりました。保護を強めることで、改めてインターネットデータベース利用とのバランスを確保しようという動きがＥＵから始まったのです。１９９５年10月、ＥＵは個人情報を企業が利用することに規制をかけるべきだとして「個人データの取扱いに係る個人の保護及び当該データの自由な移動に関する欧州議会及び理事会の指令」（通称「ＥＵデータ保護指令」）を採択しました。

そして３年後の１９９８年10月までに、ＥＵ加盟15カ国（当時）にこの指令を国内の法制度に反映させることを求めたのです。これがＥＵ域内だけでなく、世界の個人情報保護の流れの発端になりました。ＥＵは、個人データの保護に関する措置がＥＵデータ保護指令の水準に達していない第三国やその国の企業には個人データを移転してはならない、と定めたからです。

これに危機感を覚えた日本をはじめとするＥＵ域外の各国は、個人情報保護制度の確立へと腰を上げました。

日本では、１９９７年に当時の通商産業省（現・経済産業省）が「個人情報保護に関するガイドライン」を制定しました。プライバシーマークの原点となるものです。翌

1998年、このガイドラインに適合した企業には、個人情報の取り扱いができることを第三者の視点で評価し認証する「プライバシーマーク制度」が誕生しました。

さらに2003年5月には、「個人情報保護法」が制定されました。

またアメリカでは2001年に、「Safe Harbor原則」が定められ、この原則に従う企業は、個人情報に関して適切なデータ保護を行っていると認められることになりました。

2003年に制定された個人情報保護法は、その後も世界的な流れを受けて保護強化を図るための改正が重ねられています。最初の改正は2015年でした。大きく変わったのは「5000件要件」の削除です。

従来、法律の対象となる「個人情報取扱事業者」は「体系的に整理された個人情報（個人データ）を5000件以上保有する企業」とされていたのですが、この要件が撤廃され、1件でも個人情報を扱っていれば個人情報取扱事業者とみなし、法律の適用の対象とされました。事実上、国内で活動するほぼすべての事業者が対象になったといえます。

この改正は、個人情報保護法の制定のあとに設けられた「マイナンバー法」との整合性を取るために行われたものです。

「マイナンバー法」は全国民と外国人住民に割り振られた個人番号（マイナンバー）の活用のために設けられた法律で、税・社会保障・災害対策の手続きなどの目的以外でマイナンバーを収集することを禁じるとともに、収集したマイナンバーについては、利用・提供を制限しています。

この法律の対象はマイナンバーを取り扱うすべての事業者で、「5000件以上」といった取り扱い数による区別をしていません。そこで、個人情報保護法の「5000件要件」が廃止されることになったのです。

2015年の個人情報保護法の改正では、「要配慮個人情報」という定義も新たに設けられました。「本人の人種、信条、社会的身分、病歴、犯罪の経歴、犯罪により害を被った事実その他本人に対する不当な差別、偏見その他の不利益が生じないようにその取扱いに特に配慮を要するもの」と定義され、これについては他の個人情報とは異なり、本人の同意なく取得することが原則として禁止されたのです。ほかにも「利用する必要がなくなったときは、個人データを遅滞なく消去するよう努めなければならないこと」や「個人情報取扱事業者がオプトアウト方式（あらかじめ本人に対して個人データを第三者提供することについて通知または認識し得る状態にしておき、本人が反対をしない限り同意したものとみなす方式）で第三者に提供する場合には、個人情報保護委員会に届け出をすることを義務づける」、「個人情報を第三者提供または提供を受けた場合には記録を作成し、一定期間保存する」といったことが新たに定められ、全体を通してより厳格な個人情報の管理を求めることになりました。

さらに3年ごとに国際的な動向や情報通信技術の進展、新産業の発展の状況などをみながら見直していくという規定も設けられました。状況に応じて、まだまだ改正して強化していかなければならないという政府の姿勢を示したものです。

実際この改正法が完全施行となった2017年の3年後の2020年、そして翌年の2021年にもさらなる改正が行われました。

特に2021年の改正（施行：2022年4月）は、「個人情報保護法制定以来の抜本的改正」といわれています。

独特のハンコ文化や書面重視のビジネス慣習、生産性向上への希薄な意識、不統一でレガシー化したシステムの温存などを背景に、国際的にみて日本はデジタル化に大きく遅れを取ってしまったといわれています。国も危機意識を強め2021年に「デジタル社会形成整備法」が制定され、その後デジタル庁を新設するなどし、遅れの挽回に乗り出しました。その一環として個人情報保護法も見直されたのです。

従来は「個人情報保護法」「行政機関個人情報保護法」「独立行政法人等個人情報保護法」の3本の法律が併存していたのですが、これを「個人情報保護法」に一本化して全国共通の明確なルールとし、これらを「個人情報保護委員会」が所管することにしました。データ利用が活発になり、官民の区別をする意味がなくなったという認識に基づくものです。

一本化に伴い個人情報の定義の統一や収集や管理、利用に関するルールはさらに緻密化され、全体として強化されました。例えば本人の権利保護を強化して利用停止・消去などをしやすくし、個人データの授受があった場合の提供記録の開示請求権の強化、不適正利用の禁止、法令違反に対するペナルティの強化などが行われています。

ほかにも医療分野・学術分野における個人情報の取り扱いについて規制を統一するため、国公立の病院や大学などの学術研究機関にも民間と同様の規制を適用することや、学術研究分野では、ＥＵで運用されているＧＤＰＲ（General Date Protection Regulation：ＥＵ一般データ保護規則）に十分対応できるように従来の適用が除外されているものを見直すといったことも行われました。国際的にデータ活用がますます求められ、進行していくなかで、個人情報保護の動きはより活発化しているのです。

個人情報保護で先頭を走るＥＵ

２０１８年、ＥＵは従来の「ＥＵデータ保護指令」からさらに強い拘束力をもつ「一般データ保護規則」を新たに定めて施行しました。ここで重要なのは、保護されるべき個人データが「氏名、識別番号、位置データ、オンライン識別子、またはその個人に関する物理的、生理的、遺伝子的、精神的、経済的、文化的もしくは社会的アイデンティティに特有な一つもしくは複数の要素を参照することによって、直接または間接的に識別され得るもの」と非常に広く定義されたことです。したがって、クッキーやＩＰアドレスなどのオンライン識別子、さらに位置データなども個人データに該当することになりました。

しかもこのＧＤＰＲは、ＥＵ圏内に拠点をおく組織に加え、ＥＵと取引のあるすべての組織を対象として適用されることになっています。

ＥＵ圏内に子会社や支店、営業所などをおいている企業、ＥＵ圏内に向けて商品やサービスを提供している企業、ＥＵ圏内から個人データの処理について委託を受けている企業などがすべて対象となります。つまり、ＥＵとの間で事業をしているすべての日本企業が対象となるといっても過言ではありません。

ＧＤＰＲの非常に幅の広い個人情報の定義は、日本ではまだ採用されていません。日本では最も新しい２０２１年の改正個人情報保護法でも、クッキーやＩＰアドレスはそれ自体では特定の個人を識別することができないことから、個人情報には該当しないとしているのです。ただし、ほかの情報と容易に照合することができ、それにより特定の個人を識別することができる場合には個人情報に該当するという考え方が採られていますが、ＥＵよりは緩い規定になっています。

２０２０年12月15日付の日本経済新聞の朝刊では「ネットの閲覧履歴がわかるクッキー情報の利用を巡り、消費者からの同意を取り付ける画面を自社サイト上で表示している日本の大企業は５％弱にとどまることが分かった。英国を中心とする欧州企業は８割強、米企業は3割弱で、日本企業の個人情報保護への取り組みの遅れが浮き彫りになった」と報じられました。

この数字はクッキーの情報自体を個人情報ではないとする日本の事情を反映しています。

しかし、今後はEUレベルがグローバルスタンダードになっていく可能性は高く、EU圏との取引の有無にかかわらず、この範囲まで個人情報をとらえる必要がでてくるのです。そのときになって慌てずにすむように、先手を取って準備しておくことが必要です。実際、日本でも先見の明のある企業は取り組みを開始しています。

中堅・中小企業といえども情報セキュリティ管理が必須の時代

2003年の制定当初、個人情報保護法は「取り扱う個人情報の数が5000件以下である事業者」を規制の対象外としていました（2015年の改正で撤廃）。そのため個人情報保護の問題に取り組むのは、大企業、それも大量の会員名簿などを扱う事業者に限定されたものであるかのような印象が生まれ、自社には関係のないことと関心を寄せなかった中堅・中小企業が少なくありませんでした。

しかし「規制対象外だから個人情報保護についての配慮は必要ない」とはいえません。個人情報をどう扱うべきかという原則は、規制対象かどうかに関係なくすべての事業者に求められるものです。しかも、5000件条項の撤廃以降は、たとえ1件でも「個人情報をデータベース化して事業に利用している事業者」であれば、その取得や利用、管理について個人情報保護法が適用されます。大企業だけでなく中堅・中小企業、個人事業主といえども個人情報を取り扱う際のルールが法律に則ったものであることが義務付けられているのです。

しかもデジタルデータの漏えいは、インターネット網に乗って瞬時に拡散するものであり、容易に回収できるものではありません。いったん漏えい事故が起これば、被害は大きく広がり、それに伴って問われる責任も大きくなります。

情報漏えいがもたらす影響は、事故を引き起こした企業の規模に関係なく大きく広がる可能性があります。その点でも中小企業であれば一回の情報漏えい事故で、致命的なダメージを受けるといえるのです。

［第2章］

営業効率アップ、取引先の拡大、個人情報の漏えいのリスク回避 Pマーク・ISMS取得のメリット

注目を集めるプライバシーマークとＩＳＭＳ

デジタルデータを活用したさまざまなサービスの拡大は、生活の快適性や利便性を高める半面、自分の個人情報がどのように扱われているのか、ということへの不安を大きくするものになりました。個人情報を預けた企業が、どのようなポリシーや体制をもってそれらの情報を扱っているのかということへの関心は急速に高まっており、その点から改めて注目されているのが、プライバシーマークやＩＳＭＳに代表される第三者認証です。

これらの認証は個人情報や機密情報を扱う企業がそれらを確実に管理する体制（マネジメントシステム）を確立し、正しく運用しているということを第三者機関が客観的に確認したことを示すものです。したがってプライバシーマークやＩＳＭＳの保有企業になることは、社内体制の整備を通して情報漏えいに関する強力なリスクヘッジを図ることにつながり、また、対外的信用を高め、受注しやすい環境を整えることにもつながります。

実際、入札コンペなどで「プライバシーマーク保有企業であること」を推奨条件としたり、評価ポイントの一つとして重視したりするケースは年々増えています。また、受託事業を再委託する企業が、委託先に対してプライバシーマークの保有を求めたり、なければ委託を継続できないと宣告するケースも生まれているのです。個人情報の漏えいリスクを排除しながら、個人情報を活用していく体制を構築することは、今の時代を勝ち抜く極めて重要なポイントです。プライバシーマークやＩＳＭＳ認証の取得は、情報活用社会のもとでの成長を可能にする強い組織づくりの手段となっています。

第三者認証は企業と消費者双方にメリットがある

現代では、どのようなビジネスにおいても個人情報を所有しないということは考えられません。怖いと背を向けるのではなく、漏えいリスクを排除し積極的に活用していくための体制を構築することが、今後の事業展開にプラスとなります。

さて、プライバシーマーク制度とは、事業者が個人情報を適切に取り扱っているかどうかを審査し、適切であると認定した事業者にプライバシーマークと呼ばれる認定マークを付与するもので、１９９８年にスタートしました。

審査基準は、「ＪＩＳ Ｑ １５００１ 個人情報保護マネジメントシステム―要求事項」

をベースにしたものです。

この規格は個人情報を事業に用いているあらゆる種類、あらゆる規模の事業者に適用できる個人情報保護マネジメントシステム（ＰＭＳ）に関する要求事項について定めたもので、ＰＭＳを構築するとともに、その体制を定期的に見直し、改善することなどを求めています。個人情報保護法など関連する法令の改正に合わせて２００６年、２０１７年に順次改正されています。

認定を受けた事業者は名刺やホームページ、店頭、広告などにプライバシーマークを掲げることができ、その所有を対外的にアピールすることができます。

仮に「当社は個人情報を適正に扱っています。安心してください」といっても、それには何の裏付けもありません。そもそも何を個人情報として考え、誰がどのように管理しているのか、その内容はまったく分かりません。

しかし、プライバシーマークが付与されていれば、個人情報を保護する適正な仕組みがあり、それを運用しているということが、第三者機関によって確認されているということになります。しかもプライバシーマークはシステム運用に関する継続的な認証です。マネジメントシステムとして機能していることを証明するものであり、この点はプライバシーマークの大きな特徴です。

例えば、一般に事業所の運営や管理などについて「○○人以上の場合は○○管理者を選任しなければならない」といった規則があり、事務所内に担当者の名前が掲示されていたりします。しかし、現実には掲示だけで有名無実化しているケースが少なくありません。PMSでも「個人情報保護管理者」や「個人情報保護監査責任者」などの選任が求められますが、単に選んで終わりではないのです。実際にその担当者を含んだPMSを自社の事情に合わせて構築し、円滑に運用していることが求められます。企業の規模や事業内容の変化、社会情勢、法改正に対応するため、認証の有効期限が2年間と決められており、2年ごとに更新審査を受ける必要があります。

プライバシーマークとISMSとはどう違う

ISMSも情報セキュリティマネジメントシステムに関する規格です。

IT化の急速な進展により、不正アクセスやコンピュータウイルス、内部不正行為などによって個人情報漏えいはもちろん、企業の資産情報漏えいなど、さまざまな情報セキュリティ上の問題が発生しています。こうした脅威に対して、より対策を強化するため設けられた認証がＩＳＭＳです。

プライバシーマークが個人情報に的を絞ったセキュリティ対策であるのに対して、ＩＳＭＳはより広い範囲を選択して、セキュリティマネジメントシステムを部分的に構築し、認証を受けることができます。

ＩＳＭＳは、もともと２００１年にイギリスの情報セキュリティの基準であるＢＳ７７９９―２をベースにスタートし、その後２００５年に、ＩＳＯ／ＩＥＣ２７００１という国際規格（それを日本語に翻訳したものがＪＩＳ Ｑ ２７００１）になりました。

プライバシーマークが、日本産業規格であるＪＩＳ Ｑ １５００１に基づく国内だけの認証であるのに対して、ＩＳＭＳは国際的な認証で、この点も２つの認証の異なるところです（ただし、プライバシーマークには「相互承認団体」というものが存在します。これはプライバシーマーク取得制度と同様の認証制度をもつ国外の団体で、相互に認証を認め合う関係にある団体のことです。現時点では韓国の韓国情報通信産業協会がそれに該当します）。

情報マネジメントシステム認定センターによると2022年2月現在、ISMSは日本で約6700件が認証を受けています。ISOのマネジメントシステムの規格でよく知られているのは、工場などが取得する品質管理に関するマネジメントシステム（ISO9001）や、環境に関するマネジメントシステム（ISO14001）です。これらに比べると、まだ歴史が浅いこともあり取得数は少ないのですが、先の2つのいずれもが、更新の中止や失効により年々減少しているのに比べISMSは着実に数を増やしており、注目度の高さがうかがえます。

急速に増え始めたプライバシーマークの取得事業者数

プライバシーマーク付与事業者数は、制度開始以来、一貫して増加しています。

2021年9月末現在でプライバシーマークを付与された事業者は、1万6772となっています。2005年、2006年と、2年続けて大きく付与事業者数が増えているのは、2005年に全面施行となった個人情報保護法を受けたものでした（図表1）。

［図表１］　プライバシーマーク付与事業者数の推移

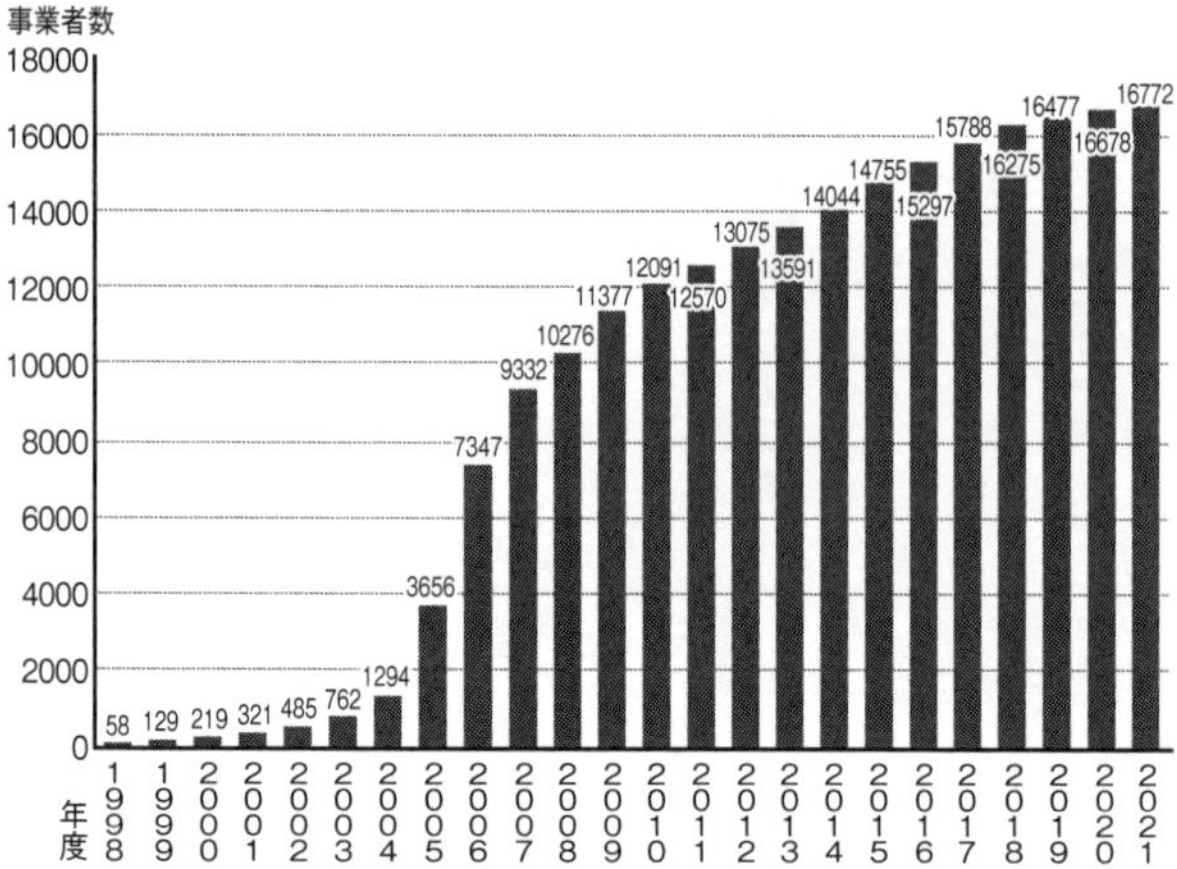

※1998 年度～ 2021 年 9 月 30 日時点
一般財団法人日本情報経済社会推進協会「付与事業者情報」より作成

取得事業者はＩＴ関連企業、人材派遣業などが多くを占めていますが、具体的には次のような業種で取得を目指す事業者が多くなっています。

・ＩＴ関連企業（クラウド／システムエンジニアリングサービス／受託開発）
・人材派遣業（一部人材紹介業含む）
・広告業
・印刷業
・クリニック（特に人間ドックや健康診断）
・不動産業（売買、デベロッパー系）
・データ入力業／軽作業
・物流／運送業

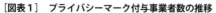

・DM発送業（ダイレクトメール発送）
・EC業（通販事業者）
・産業廃棄物処理業
・ビルメンテナンス業
・ホームページ／動画制作業
・キャンペーン事務局
・保険代理店（ファイナンシャルプランナー業含む）
・ロードサービス業（レッカー業）

このほかにも個人情報をビジネスで活用するケースは業界を越えて大きく広がっており、それに伴って最近は取得事業者の幅も広がっています。

取得事業者数は、ここ数年でもマイナンバー制度の本格運用の開始（2015年）、個人情報保護法の改正（2020年、2021年）、デジタル社会形成基本法の制定（2021年）といった行政の動きを受けて一貫して右肩上がりで増えている状況です。

また、最近ではコロナ禍の影響もありリモート化が一気に進み、在宅勤務をしている取引先にプライバシー体制を確認する動きが増えているのも増加要因の一つです。

申請を受け付けてからプライバシーマークの付与まで一般的には7カ月から1年程度が必要になることから、まだ付与事業者数として反映されていませんが、個人情報保護に向けた社会の大きな流れを受けて申請数は最近になって大きく増加しており、それに伴って審査日数も従来に比べ長くなっています。今後、プライバシーマークを取得する事業者は確実に増えていくとみられています。

こうした動きの一方で、プライバシーマークの制度そのものに懐疑的な声が上がったことがありました。

4年ほど前のことですが、ある週刊誌にこんな趣旨の記事が出たのです。

〝JIPDEC（一般財団法人日本情報経済社会推進協会、プライバシーマーク制度を運営する法人）は旧通商産業省の外郭団体として設立されたもので、歴代会長や理事は元官僚ばかりで天下り先になっている。その団体が承認・発行するプライバシーマークを官公庁が入札条件にするのは霞が関のお手盛りではないか〟

ＪＩＰＤＥＣの会長や理事職に就く人がその能力や経験に関係なくただ都合のよい腰掛け先として利用しているなら天下りといわれても仕方がないかもしれません。ここではその当否はおきますが、実際にプライバシーマークが経済や産業に関わる行政の中心で生まれ、運用されているのはこの記事も指摘するように事実なのです。そうであるとすれば、逆にプライバシーマークをもっていることが官公庁案件の入札や大企業からの受注獲得に有利であることは明らかです。行政が一体となってその方向に産業界を誘導しているからです。このことは天下り云々の話とは別にして冷静にみておく必要があると思います。

プライバシーマーク取得のメリット

①個人情報漏えいリスクの最小化

プライバシーマーク取得の大きなメリットは個人情報保護に関する社員のリテラシーを高め、個人情報の取り扱いについての統一した社内ルールをきちんと定めることを通して、個人情報漏えいリスクを大きく低減しながら、積極的なデータ活用ができるようになることです。

「個人情報の取り扱いに気をつけてください」と社員に指示しても、そもそも「個人情報」がどの範囲のものか、認識が一致していなければ守りようがありません。例えば社員の一人が、自宅で整理しようとして50枚ほど入った名刺ファイルを持ち出し、それをうっかり紛失したとします。

社員のなかには「名刺交換はビジネス上の儀礼で、個人情報のやりとりではないと聞いているし、枚数も知れている。問題ないだろう」と判断してそのままにしてしまう人もいます。

しかしビジネスに使うデータとしてファイルされている名刺は、その会社にとっての個人情報であり、適正に管理すべき対象とするのが一般的です。ファイルの紛失はたとえ名刺50枚であっても立派な情報漏えい事故であり、紛失が判明したら直ちに報告し、会社として対策を取らなければなりません。

万一このファイルが誰かの手に渡り、中に入っていた名刺の追跡などからファイルの持ち主や会社名が判明したら、「あなたの会社の個人情報管理はどうなっているのか」という問題になるかもしれません。取引先や会社の信用を失墜させることにもつながります。

この場合の問題点はうっかりなくしたという本人の落ち度はあるものの、そもそも何が個人情報なのか、という共通の認識がつくられていなかったことです。そして迷ったときに相談すべき窓口も対処策も明確ではありませんでした。

もしこの会社がプライバシーマーク取得企業であれば、これは起こりにくいことです。なぜならプライバシーマーク取得の過程において、まず自社で守るべき個人情報とは何かということが、業務の細部に照らして詳細に範囲づけられるからです。名刺ファイルは保護対象だから気をつけなければいけないという認識が最初からあれば、そもそも社外に持ち出すということは起こらなかったのです。

また相談窓口や、情報漏えいを起こしたと気づいたときに、誰にどういう報告をすべきか、そして報告を受けたしかるべき部署がどういう対処をするのか、その行動原則もマニュアルに記載されます。よって、すぐに必要な行動に移すことができたはずです。

つまりプライバシーマークの取得は、どの個人情報をいかに守るのかという社内における意思統一を図るものとなり、個人情報保護の必要性についての意識啓発を通して個人情報漏えいリスクを最小化することにつながります。個人情報の漏えいが疑われたときの対処指針も明確になるので、迅速な対処も可能になるのです。

そして個人情報の定義の明確化や個人情報保護体制の構築は自社の従業者を守り、その負担を軽減するという意味でも大きな価値をもっています。

個人情報に当たるかどうかを、個人の判断に委ねてしまえば、その精神的な負担は大きなものです。問われるのは個人の責任ということになってしまうからです。

「ここまでは大丈夫、この情報は守るべき個人情報だから管理はこのようにする、何かあったらこう動く」――こうしたことが明確にルール化されていれば、従業者は悩むことなく行動できますし、このルールに従っている限り個人として責任を問われることはありません。何か問題が発生しても、それはマネジメントシステムの問題であり、管理・運営という組織的な問題だからです。

プライバシーマークの取得は会社全体として個人情報漏えい防止へのマインドを高め、余裕をもって個人情報が活用できる社内体制をつくり上げることにつながります。

②社会的な信頼度の向上

プライバシーマーク制度はスタートから20年以上を経過し、すでに高い認知度をもっています。

特に個人情報漏えい事故が度重なるなかで、自分の個人情報がどう管理されているのか、適正に使われているのか、知らないところで企業間でやりとりされているようなことはないのか、といった不安感は増しています。まったく聞き覚えのない会社からある日突然ダイレクトメールが届き、一体どういうルートで部署や役職、名前が伝わったのだろうと不信に感じたことがあるという経験をした人も多いと思います。

2019年に明らかになった某大手就職情報サイト運営会社による内定辞退率予測データの販売も、「企業はこんなことをしているのか!?」と社会を驚かせました。

これはサイトの運営会社が利用者である就職活動中の学生から得た個人データを、事前の同意のないまま顧客企業から得た個人データと突き合わせ、内定辞退率予測データとして顧客企業に販売していたことが発覚したものです。サイト運営会社はすぐに販売を中止しましたが、学生本人からはデータの提供に同意した覚えはないと強い反発が出て、事態を重くみた個人情報保護委員会は二度にわたる是正勧告と指導を実施し、厚生労働省からも職業安定法に基づく行政指導が行われました。

こうした事件も背景に、企業の個人情報保護の取り組みについては、社会的に大きな疑問符が付いている状態です。そのなかで特に同じ業界であれば、プライバシーマークを取得し、その保有をアピールすれば、その企業に対する評価は確実に高まります。

さらにプライバシーマークは、常に時代が求めるものを反映しています。というのもＪＩＳ規格に基づいて要求される遵守事項は、個人情報保護法の規定を最低基準としつつ、それを大幅に上回るものとなっており、しかも、法律が禁止事項を列挙するものであるのに対して、ＪＩＳ規格は、それをしないためにどのようなシステムを構築し運用すればいいのか、という行動指針まで定めることを求めているからです。もちろん、関連する法律が改正されれば、ＪＩＳ規格もそれに合わせて改正されます。つまりプライバシーマークをもっているということは、個人情報保護について常に最新の法律を上回る厳格さと、それを確保する方法を供えているということを意味するのです。

「来年から個人情報保護法が改正されて、すぐ施行されるらしいけれど、何が変わったの？　うちは大丈夫？　セミナーがあるらしいけれど聞きに行く？」

プライバシーマークをもっていない企業では、こんなやりとりも少なくありません。しかしプライバシーマーク取得企業であれば、こういったことで悩んだり、議論することは不要です。プライバシーマークをもち、それを更新していれば法律改正にも自動的に対応ができていることになるからです。

現在はまだ全事業者の１％にも及ばないプライバシーマークの普及状況ですが、それをすでに取得済みであることをアピールできることは、企業としての信頼度の向上につながり、消費者や取引先など、幅広いステークホルダーとの関係の強化につながります。

また損害保険会社が「個人情報漏洩保険」「サイバーセキュリティ保険」などを次々に開発しており、現在プライバシーマークやＩＳＭＳ認証の取得事業者は、保険料の割引を受けることができます。保険商品によっては保険料が最大で65％も安くなるものもあります。これもプライバシーマークやＩＳＭＳ認証を取得している会社は事実として情報漏えい事故を起こす可能性が低い会社であるという信頼度の高さを裏付けるものです。

③ビジネスチャンスの拡大

プライバシーマーク取得の最も大きな、そして目に見えるメリットは実はここにあるといっても過言ではありません。というのもその企業の個人情報保護体制がどうなっているかということが、業務委託の際の大きなポイントになっているからです。

特に最近では公的機関が民間企業に仕事を発注する際の入札に当たって、「プライバシーマークを取得していること」あるいは「プライバシーマークを取得していることが望ましい」という条件を付けるケースが増えています。

よくみられるのが、地方自治体が運営するホームページの制作・管理・更新や書類の発送代行業務、労働者派遣業務、水道メーターの検針などの業務委託における入札です。これらに共通しているのは、業務遂行の過程で個人情報やそのほかの重要な情報の処理や取り扱いが求められることです。そのため必然的にプライバシーマークなど、情報の取り扱いにおいて信頼できる会社であることの証明が必要になっているのです。

発注する行政側にとっては、業務が安心して任せられるということ以外にもメリットがあります。万が一委託先で個人情報漏えい事故が起こった場合にプライバシーマーク未取得の業者に委託していたとすれば、「なぜそのような業者に委託したのか」という発注者としての責任が厳しく問われかねないからです。

逆に、プライバシーマーク取得業者に発注していれば、発注者としては十分な配慮をしていたということであり、問題はむしろプライバシーマーク取得企業自身の運営や、管理団体の監督にあったということになります。その意味でも、プライバシーマーク取得事業者への発注が優先される仕組みになっているのです。

行政がいかにプライバシーマークを重視しているかは、補助金の支給という形で取得支援に積極的に乗り出す自治体が増えていることからも明らかです。

例えば東京都港区では、区内に本社を有する法人や住所を有する個人事業主がプライバシーマークやＩＳＭＳ認証の取得をしようとするとき、取得に掛かる申請料・審査料・登録料・コンサルタント委託料について、対象経費の2分の1程度（上限50万円）を補助するという制度を運用しています。

ほかにも現時点で東京都の江東区、台東区、江戸川区、足立区、北区、荒川区、大田区、品川区、練馬区、世田谷区、埼玉県戸田市、群馬県高崎市、茨城県水戸市と日立市、千葉県千葉市、神奈川県横須賀市、愛知県春日井市、岩手県奥州市、島根県などでも取得補助制度を運用しています。

公的機関だけでなく民間企業からの業務委託についても、プライバシーマーク取得企業は有利です。委託先の選定に当たってはプライバシーマーク取得事業者を選ぶべきだという声は年々大きくなっており、業務委託先選定の際に必須条件とする企業も増えているからです。

特に上場企業においては、個人情報漏えい対策について株主から厳しい指摘や要求を受けることが多くなっています。いったん個人情報漏えい事故が起これば、経営の屋台骨を揺るがすような事態につながることも十分に予測され、それだけ株主も敏感になっているのです。

プライバシーマーク取得企業が優先されるようになると、取得していないというだけでせっかく高い技術やノウハウをもっていても、そもそも受注競争に加われないだけでなく、長年業務を受注してきた得意先から「来年度から、委託先はプライバシーマークをもっているところに限ることになりました。申し訳ございません……」と、突然失注してしまう可能性もあるのです。

年々、委託元に対する委託先、再委託先の管理の厳格化という要請は強まっています。委託先へのアンケート配布、その回収と検討、是正の要望、といったことが行われているのですが、委託先がプライバシーマーク取得事業者であれば、これらの調査は必要ありません。委託元の管理の手間は大幅に軽減されることになります。その意味では、仮に長年安定して事業委託を受けており、プライバシーマークを取得してほしいという話は出ていない、という場合でも、今後とも安定して事業の受託を得るために、先行してプライバシーマークを取得すれば、委託元からの信頼度が高まります。

プライバシーマークの取得は受注機会を増やし、突然の失注を防ぐだけでなく、委託元の業務負担を減らすことを通して信頼関係を強化することにもつながり、ビジネスを安定・拡大することにつながります。

④セキュリティ・インシデントを予防

プライバシーマークの取得はデータ活用に積極的に取り組める組織をつくり、社会的信頼度を高め、受注の拡大を図ることができるだけではありません。個人情報をはじめとする機密情報の漏えいやマルウェアの感染、不正アクセスなどの情報セキュリティ・インシデント（情報セキュリティに関わる事故・事件）の予防に大きな効果を発揮します。

情報セキュリティ・インシデントに関する最近の調査報告書（日本ネットワークセキュリティ協会）によれば、２０１８年度の漏えい人数は約５６１万人、インシデント件約４４０件、想定損害賠償総額約２７００億円、1件あたりの漏えい人数約1万３３００人、一件あたりの平均想定損害賠償額約6億３７００万円と報告されています。

このように情報セキュリティ・インシデントが発生すれば、当然ながら経営は大きな打撃を受けざるを得ません。

規模の大きなインシデントであればまず全社的に日常業務を止め、原因究明と漏えい防止対策に大きなリソースを投入することになります。情報システムの原状回復、漏えいした情報の拡散防止対策も求められます。

またこうした原因究明と拡散防止、原状回復作業などと並行して、被害規模や被害者の把握、見舞金や損害賠償の検討、記者会見などによる情報公開と謝罪も求められます。個人情報の漏えいに関する損害賠償については、被害を受けた個人に対し慰謝料を支払うことが一般化しており、一件あたり500円から最高で1万6000円程度の金額が判例で示されています。一見少額に思いますが、一件あたり1万円とすると2000件で2000万円、10万件で10億円と巨額になります。

さらにこうした発生直後の対策に続いて改めて行政への報告が求められるだけでなく、インシデントの規模や深刻さによっては、行政指導による業務停止、事業免許の取り消しといった処分を受けることがあり、社会的信用の喪失、ブランドイメージの毀損、株価下落などが連鎖的に発生してしまいます。そして中長期的には、信用の失墜による売上の減少、顧客からの取引縮小・停止、営業機会の損失、対策に伴う業務効率の低下・過重労働、従業者の不安・不満、モラル低下など、影響は広範囲に及ぶのです。こうした事態を未然に防ぐためにも、プライバシーマークの取得は大きな価値があるといえます。

プライバシーマーク取得費用と取得までの期間

プライバシーマーク取得のためには、まず自社で個人情報保護マネジメントシステム（PMS）を構築し、それを運用してP（計画）D（実行）C（評価）A（改善）を回すことが求められます。

プライバシーマークは書類だけをいきなり準備することでは取得できない仕組みになっており、いったん運用しなければ申請書類はつくれません。こうしたところにもマネジメントシステムに対する認証であることの特長が表れています。

一通りPMSを動かす必要があることから、最低でも1～3カ月程度は必要です。そこから申請書類の作成を開始して審査機関に提出、その後、書類審査、現地審査、現地審査で指摘事項があった場合にはその改善と報告を行い、晴れて認証の取得となります。

そのため着手から取得までの期間は、短くても7～8カ月、1年くらい掛かるのが一般的です。

目標とする取得時期があらかじめ分かっていれば、その1年前を目安に作業を始める必

[図表2] プライバシーマーク認証費用

単位：(円) (消費税 10%込)

	新規のとき			更新のとき		
	事業者規模					
種別	小規模	中規模	大規模	小規模	中規模	大規模
申請料	52,382	52,382	52,382	52,382	52,382	52,382
審査料	209,524	471,429	995,238	125,714	314,286	680,952
付与登録料	52,382	104,762	209,524	52,382	104,762	209,524
合計	314,288	628,573	1,257,144	230,478	471,430	942,858

※ 2019 年 10 月 1 日適用

出典：一般財団法人日本情報経済社会推進協会

[図表3] 事業者規模の区分

業種分類	資本金の額または出資の総額および従業者数	小規模	中規模	大規模
製造業・その他	資本金の額または出資の総額および従業者数	2 ～ 20 人	3 億円以下または21 ～ 300 人	3 億円超かつ301 人～
卸売業	資本金の額または出資の総額および従業者数	2 ～ 5 人	1 億円以下または6 ～ 100 人	1 億円超かつ101 人～
小売業	資本金の額または出資の総額および従業者数	2 ～ 5 人	5 千万円以下または6 ～ 50 人	5 千万円超かつ51 人～
サービス業	資本金の額または出資の総額および従業者数	2 ～ 5 人	5 千万円以下または6 ～ 100 人	5 千万円超かつ101 人～

出典：一般財団法人日本情報経済社会推進協会

要があります。ただしコンサルタントの支援を求めず、完全に独力で取得を目指すというのであれば、おそらく1年では不十分で、さらに長い期間を見込む必要があります。

いずれにしても3～4カ月という短期間で取得できるものではないので、入札時期や業務委託の更新時期などが明確な場合は、そこから逆算してゆとりのあるスケジュールを組む必要があります。

取得費用については審査費用に加え、取得関連業務をコンサルタントに依頼する場合は、その費用が掛かります。

審査費用は取得を目指す事業所の規模と業種によって異なり、図表2・図表3のようになっています。また、コンサルタント費用については、コンサルタント会社により、また提供を受けるサービス内容によって金額には幅があります。

さらにマネジメントシステムを運用するため「鍵付きのロッカー」や「パソコンのセキュリティソフト」、「WEBサイトのSSL認証」といったことが新たに必要になる場合があります。それほど金額の大きなものを購入する必要はありませんが、こうした設備投資に関する費用も若干見込んでおく必要があります。

ＩＳＭＳとはどういう認証か

ＩＳＭＳはプライバシーマークと同様に情報セキュリティに関する認証ですが、プライバシーマークが従業者や顧客の個人情報を対象としているのに対して、ＩＳＭＳは個人情報だけでなく、技術情報はもちろん財務情報や人事情報などすべての情報資産を対象としています。

もともとプライバシーマークは、個人情報を守るという思想でスタートした制度であり、個人情報の取得や利用・提供・委託、保管および管理、廃棄や開示要求への対応など、個人情報全般の取り扱いについて定めたマネジメントシステムです。しかしＩＳＭＳは自社の情報資産全般を守るための枠組みとしてつくられたものであり、その一部として個人情報を含んでいるという関係にあります。

ＩＳＭＳで認証が与えられるのは会社全体の場合もありますが、部署や場所単位、あるいはシステム単位というように対象を限定して取得することができます。1つの営業所、付属の研究施設のみでセキュリティ対策を講じる場合は、ＩＳＭＳでの取得を考えます。

プライバシーマークを取得していると会社全体がプライバシー規定を遵守している組織だといえますが、直接個人情報を取り扱わない支社や他の従業者まですべてを対象とすることになります。場合によっては規模が大きくなり過ぎてしまう可能性があります。

一方ＩＳＭＳでは、部門や適用範囲を限定して認証を取得できるので、認証マークを掲げることができるのはその部門・部署だけで、会社内のどの部署でも掲げられるわけではありません。

またマネジメントシステムのつくり方においても、ＩＳＭＳはプライバシーマークとは異なっています。

プライバシーマークでは、個人情報を適切に保護するための規格やそれに基づく運用の仕方が非常に細かく厳密に定められています。このとおりの運用が正しくできなければ、認証を得ることができません。一方ＩＳＭＳでは、まず情報セキュリティを「情報の機密性、完全性及び可用性の維持」と明確に定義します。

機密性とは文字どおり扱う必要がない人間を情報にアクセスさせないということであり、完全性とは情報の正確さや新しさ、可用性とは少し聞き慣れない言葉ですが、必要とするときにいつでも情報にアクセスできるということです。

単に頑丈な〝鍵〟を何重にも掛けて機密性をひたすら追いかけるというのがＩＳＭＳが求める情報セキュリティではありません。機密性、完全性、可用性の３つの視点から総合的に何が情報セキュリティとして求められるのかを明らかにし、そのうえで守るべき情報資産についての脅威とリスクを洗い出し、それをトータルに低減していくための仕組みや管理体制を構築していきます。

そして、それを実際にどういうルールで運用していくかということについては自由度が高く、組織の状況に合わせてフレキシブルにつくることが可能です。運用のフレキシブルさはプライバシーマークにはありません。むしろ逆に、細かく厳格に定めることで、その有効性を担保しています。

２０１６年からは「ＩＳＭＳクラウドセキュリティ認証」が新たに加わりました。これはＩＳＯ／ＩＥＣ２７００１を前提として、その認証範囲内に含まれるクラウドサービスの提供もしくは利用について、ＩＳＯ／ＩＥＣ２７０１７（クラウドサービスに関する情報セキュリティ対策を実施するためのガイドライン規格で、クラウドサービスを提供する組織と利用する組織の両方を対象とするもの）に規定されるクラウドサービス固有の管理対策が実施されていることを認証するものです。これを取得すればクラウドサービス特有の情報セキュリティ上のリスクについて、必要な管理対策を実施していることを第三者機関の認証という形で対外的に示すことができます。

ＩＳＭＳ取得費用と取得までの期間

ＩＳＭＳ認証の取得に当たっては、まず体制を構築したうえで、実際にそれを運用してレビューを実施する、そしてその後に申請書類の作成と申請を行い、審査を受け、必要な是正を経て取得するという大きな流れになり、この点はプライバシーマークと同じです。最短で半年、一般的には1年程度という取得までの期間もほぼ変わりません。

また審査費用など認証取得には費用が掛かりますが、これについてはプライバシーマークと異なり定額の料金ではなく、利用する認証機関によって変わります。これは申請者によってＩＳＭＳの認証を受けようとする範囲や、審査対象となるものがそれぞれ異なるためです。

［図表4］　ISMS・プライバシーマークの違い

	ISMS（ISO27001）	プライバシーマーク
対象	組織が判断するすべての情報	主に個人情報
規格	JIS Q27001：2014 （ISO/IEC 27001：2014）	JIS Q 15001：2017
付与単位	組織が決めた適用範囲 （事業単位、拠点単位、法人単位、グループ企業単位など）	法人単位
付与期間	3年間	2年間
審査	3年ごとに更新審査 &毎年サーベイランス （維持審査）	2年に1回の更新審査
審査機関	30団体以上の審査機関から審査費用や審査特色を確認し、選択可能。	条件に合わせて固定されている。ほぼ、選択の余地なし。
審査費用の目安	初回：審査機関による異なる サーベランス： 初回費用の約1/3 更新：初回費用の約2/3 ※上記はあくまでも参考費用であり、審査機関ごとに異なります	初回：約30万円、約60万円、約120万円 更新：約22万円、約45万円、約90万円 ※企業規模（小、中、大）によって決定
その他	審査日程を数カ月前に予約することが可能となるため、待機期間の変更が可能。	認定機関への申請から審査まで約2～3カ月以上の待機期間が生じる（審査の混み具合により変わる）。

費用の目安としては、最低規模の審査でも50万円から100万円程度です。コンサルタント会社を利用する場合はその費用がプラスされ、認証に合格するための追加的な設備投資が必要であれば、さらにその費用が必要になります。

ISMSの認証機関（登録審査機関）としては、一般社団法人情報マネジメントシステム認定センター（ISMS-AC）が30団体を認定しています（2022年2月6日現在）。

ISMSでは構築したシステムが引き続き規格に適合し、有効に維持されていることを確認する更新審査が3年ごとに行われます。プライバシーマークが2年ごとであるのに比べて1年間隔が空きますが、ISMSでは認証を維持するために年に1回の中間的な審査（サーベイランス審査）を受けることになっています。そのため事実上、年1回のチェックを受けることになり、プライバシーマークよりはむしろチェック機会が多いといえます。なお、更新審査もサーベイランス審査も有料です。

ISMS取得のメリット

ISMS取得の大きなメリットはプライバシーマークと同様、情報セキュリティ・インシデントの発生を未然に防ぐとともに、第三者認証の取得により対外的な信用を高めることができるという点にあります。入札などの条件として求められることも増えており、条件としての明示がなされていない場合でも、未取得の企業に比べて高い評価を得ることができることはいうまでもありません。また、組織内の情報セキュリティに対するリテラシーを高めるという点も、プライバシーマーク取得と同様のメリットです。さらに次のようなメリットもあります。

①業務効率の改善

ISMSは認証を得ようとする対象を絞って取得するものであることから、組織内のどこにどのような情報がどういう形で存在するのかということを改めて具体的に把握することができます。そのため、情報セキュリティリスクがどこにあるのかということを網羅的に、また定量的に見極めることができ、情報セキュリティレベルを高めることができます。さらに、書類やデータがリスト化されることで、それらを探す時間を短縮することができるため、業務効率が大きく改善するという副次的な効果も期待できます。

②適切なリスク対応の実現

セキュリティの対象となる情報の所在を網羅的に把握することにより、逆に、情報共有によるリスクも浮き彫りにすることができます。その分析に基づき、適切なアクセスコントロール（共有する必要がない人にはアクセス権を与えない）を実現することで情報漏えいリスクを低減することができます。

③事業継続性の向上

万一、情報漏えいに関する訴訟やトラブル対応が求められたときでも、マネジメントシステムに基づいた記録などによって組織が適切な対応をしていたことが証明しやすくなります。そのため対応に多くの時間を取られることなく、事業の継続性を高めることができます。

プライバシーマーク・ＩＳＭＳのどちらを選べばよいか

ＩＳＭＳはプライバシーマークが対象とする個人情報についても適用範囲と定めることができることから、ＩＳＭＳだけを取得すればいいのではないかという印象があるかもしれません。また国際規格であることから、国内だけのプライバシーマークより「格が上」という感覚で受け止める人もいます。しかしその解釈は正しくありません。

ＩＳＭＳとプライバシーマークはまったく別の意味をもつ認証だからです。

プライバシーマークは従業者および顧客の個人情報に的を絞り、全部署、全従業者を対象に個人情報を保護するための規格を厳格に定め、それから外れた運用は一切認められません。それによって高いレベルの情報漏えい防止の効果を担保しているのです。

対照的にＩＳＭＳでは体制や仕組みづくりを重視し、運用の際の具体的なルールは比較的フレキシブルに決めることができてしまいます。

つまり個人情報を厳格に管理したいと考えるなら、プライバシーマークのほうが網羅的で、かつ細かいということができます。

取得すべきはプライバシーマークかＩＳＭＳかと悩む場合は、自社の活動のなかで取り扱う情報資産や個人情報において、どのような分野が多いのかをピックアップしてみることです。そのうえで、どちらを選択すればより効果的かということを検討します。

よくＢtoＣはプライバシーマークで、ＢtoＢならＩＳＭＳがよいと解釈されがちですが、これも誤りです。私たちが２３００社以上の認証取得に携わってきた見解としては、どちらもＢtoＢにこそ有効と断言できます。やはり認証を信頼のエビデンスとして、企業間取引、つまり法人契約でこそ効果を発揮するのです。

もちろんＢtoＣビジネスにおいても情報漏えい事故の防止や一般の消費者からの安心感につながるという意味では効果はあります。しかしＢtoＣ事業者にとっても対消費者ではなく関連する企業や提携先との契約の場においての効果のほうが大きいのです。

どの部署でも業務に伴う個人情報の取得は常にあり、また、従業者の個人情報への配慮も必要です。プライバシーマークを取り、かつ必要な範囲でＩＳＭＳも取得するという選択肢も場合によってはもちろんあります。

いずれにしても、プライバシーマークもＩＳＭＳもどちらも認証取得がゴールではないということは、あらかじめしっかりと理解しておくことが大切です。継続して的確に運用・更新していくことこそが重要であり、それができてこそ認証取得の価値があるといえます。

［第3章］

コンサル会社への依頼、マニュアル類の作成、法令の管理……Pマーク・ISMS取得までの流れとポイント

プライバシーマークの場合

・申請は法人単位で行う

プライバシーマークの取得は、法人単位で行う必要があります。そのほかの申請資格としては、「JIS Q 15001 個人情報保護マネジメントシステム―要求事項」に準拠した個人情報保護マネジメントシステム（PMS）を定めている、PMSに基づき個人情報の適切な取り扱いが行われている、原則として申請事業者の社会保険・労働保険に加入した正社員、または登記上の役員（監査役を除く）の従業者が2名以上いるといったことがあります。プライバシーマークの申請を検討する際には、まずこれらの申請資格があるかどうかを確認します。

・仕組みをつくるところから始まる

プライバシーマークの取得手続きで大きな特徴となっているのが、申請書類の準備に先行して、まず実際にその体制と仕組みをつくって運用し点検をするということです。一般に認証を得ようとすれば、指定された書面に必要事項を記入して提出し、審査を受けると考えるのが一般的です。

しかしプライバシーマークでは申請書類作成以前に、PMSをつくってそれを運用し結果をレビューし、改善して再実施するといういわゆるP（計画）D（実行）C（評価）A（改善）サイクルを少なくとも1回まわして、それから初めて申請書類の作成に進むことになります。これは認証の対象が、個別のサービスや商品、人ではなく、マネジメントシステムとして有効であるかどうかをみるものであることによります。

マネジメントシステムとは組織が定めた目標を実現するための規程や手順、そしてこれらを実際に運用するための責任・権限の体系です。つまり、目標を達成するための「仕組み」の全体であるといえます。

個別の能力ではなく、連動して動く全体を対象に従うべき「規定」や「手順」が定められ、「責任」と「権限」が明確にされた管理・監督が行われるようになっているかがマネ

［図表5］　プライバシーマーク付与を受けるまでの流れ

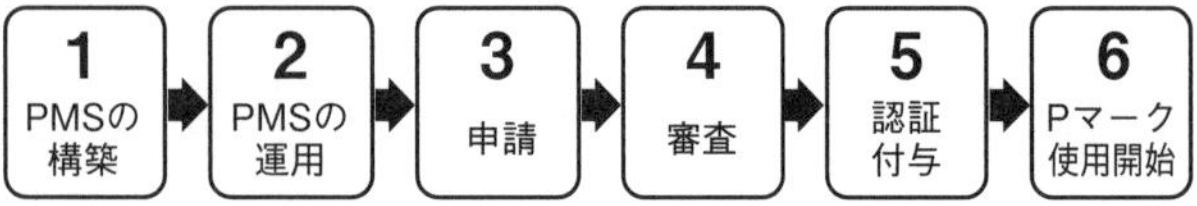

ジメントシステムであり、これを認証するのがマネジメント認証です。例えばネジの大きさといった形状や大きさなど個別に形あるものの規格認証とは大きく異なります。プライバシーマーク取得申請を考えるときは、まず、マネジメントシステムの認証であるということをしっかり理解しておくことが重要です。

・「JIS Q 15001 個人情報保護マネジメントシステム―要求事項」が求めているものを理解し、マニュアルとして整備する

そして、「ＪＩＳ Ｑ 15001 個人情報保護マネジメントシステム―要求事項」に基づいてシステム全体を構築するということが大切です。

この要求事項は個人情報保護法の改正など、関係する法令との整合性を確保するため改正が重ねられています。要求事項は社会情勢の変化に応じて年々アップデートされており、それに対応することが求められます。

①個人情報保護方針の作成

プライバシーマーク取得の目的を明確にし、会社としての個人情報保護に対する基本姿勢を明らかにするものです。個人情報保護に当たる組織の役割、責任および権限を定めることが求められます。

運営推進体制としては図表6のように個人情報保護委員長、苦情・相談窓口責任者、内部監査責任者、個人情報保護管理者、教育・研修責任者、個人情報保護推進事務局、システム管理者の7名（7役）の選任が必要ですが、兼任が認められるものも多く、最低限個人情報保護管理者と内部監査責任者の2名の選任が必要になります。従業者が2名以上でなければ申請できないというのは、ここに理由があります。

［図表6］　プライバシーマーク運用推進体制

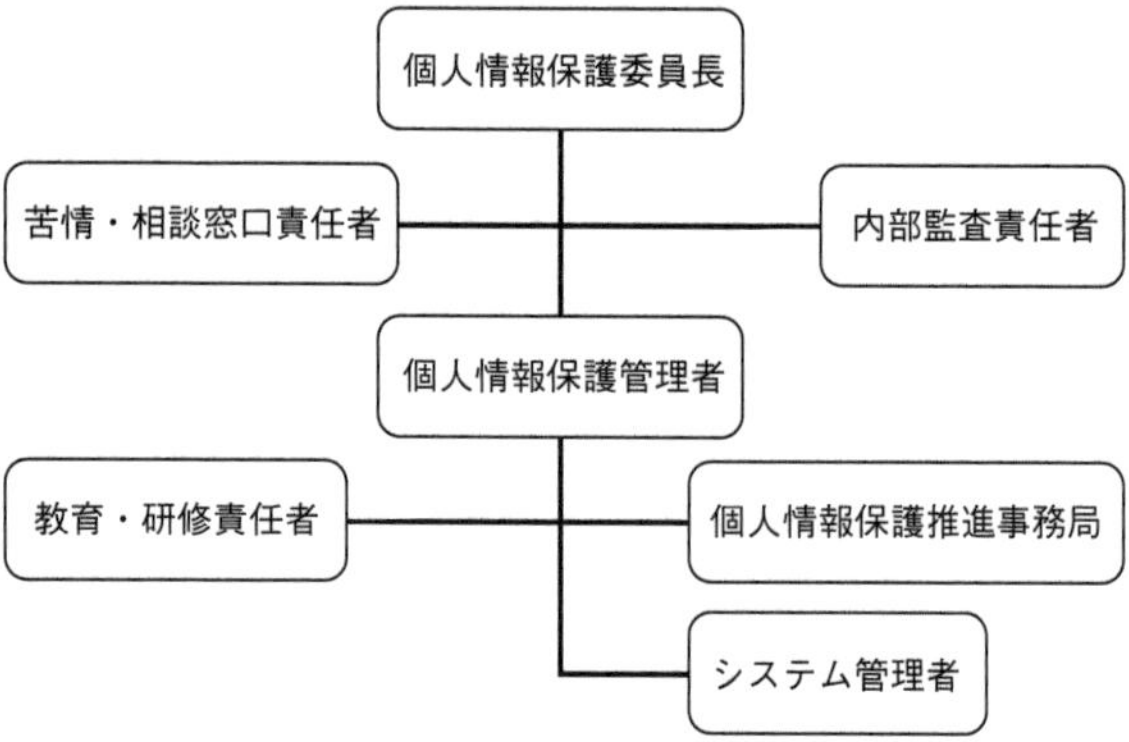

②リスクアセスメントの実施

基本姿勢と推進体制をつくり上げたあとに保護すべき個人情報の範囲を特定し、それぞれについてどのようなリスクがあるのかを分析します。自社の業務内容に則して、丁寧に一つひとつ拾い出していきます。

さらにそのリスクに対して、どのような対応策を取るのかを決定します。リスク対応には、「低減」（リスク受容基準を満たすレベルにまで何らかの対策により低減する）、「受容」（リスク受容基準を満たすものについてそれ以上の対応を行わない）、「除去」（リスク受容基準を満たさないリスクそのものをなくす）、「転嫁」（同じく、リスクを自社以外の組織に移す）といった選択肢があり、個別のリスクの内容に合わせて明確にします。

③目的達成のためのアクションプラン作成

策定したリスク対応策について、それを実施するためのアクションプランをつくります。具体的には実施事項、実施に必要な資源、責任者、達成期限、結果の評価方法に関して、実際の手順レベルにまで具体化した詳細なマニュアルを作成します。これがＰＭＳの核となります。

見落としがちですが、個人情報の「物理的な安全管理措置」についても確実に講じることが必要です。

物理的な安全管理措置とは、個人情報の漏えいを防止するために事業を行う物理的な領域における管理対策を講じることです。一般の人の目に触れる場所に個人情報を表示しない、といったことがその内容です。

例えば取引先や顧客から電話がかかってきたときに相手の名前や電話番号、会話した内容などをメモすることがあります。それ自体が問題なのではないのですが、もしもそのメモを自分のデスクに放置したままにしていたり、伝言を書いたメモをほかの従業者の机に置いていたりすると、たまたま窓口を訪れた顧客にそれが見えてしまうかもしれません。ただ名前と電話番号が書かれただけのメモとはいえ、そのような個人情報が外部の人の目に入るような状況はそもそも情報漏えいの観点から、あってはならないと考えなければなりません。

伝言メモと同じような意味で、壁やホワイトボードなどに掲出された書類のなかに個人情報が表示されている場合もあります。例えば営業社員の行先などが事務所内のスケジュールボードに書かれてあって、場所によってはそれが事務室の外からも見えるというケースがあるかもしれません。この場合も表示されている個人情報は大量ではないかもしれませんが、やはり個人情報保護の観点から避けるべきことになります。

来訪者受付表もそのスタイルによっては、個人情報保護の観点から問題になる場合があります。

プライバシーマークの物理的な安全管理措置のなかには入館管理があり、その一環で来訪者の受付名簿を作成するケースがあります。ところが、その受付表がリスト形式になっていると、記入しようとした来館者が前に訪れた人の名前や所属先、目的などを見てしまう可能性があります。これも一人（一組）ごとの単票式のものにするだけで改善できます。

以上の例にみるように、業務ごとに個人情報をどのように扱うか、守るかということを詳細にまとめた社内規定を、漏れのないように決めていくのは非常に煩雑で難易度が高く、プライバシーマークを取得しようとする企業がまず直面する困難はここにあるといわれています。また企業によって規模や業種、業態がさまざまなことからもこの作業は経験のあるコンサルタント会社などの助言を得ながら進めるとスムーズです。

またこうして作成したマニュアルの実行を確実なものとするため、担当者が自己の職務を確実に達成できるよう、教育・訓練の実施、配置転換や新規雇用、さらに組織全体に個人情報保護の文化を根づかせるための積極的なコミュニケーションによる認識向上プログラムの策定と実施が求められます。そのうえで、こうした一連のマネジメントシステムに関する文書と記録の管理体制を構築します。

こうしたアクションプランの作成に当たって気をつけなければならないのは、これは全従業者に対する行動指針であり規定でなければならないという点です。

JIS規格の要求項目で「従業者」という用語が用いられているのも、マニュアルの対象が単に正社員に限定されたものではないからです。

具体的には正社員、出向社員、契約社員、嘱託社員、パート社員、アルバイト社員、役員、派遣社員はすべて従業者となります。週に1度、3時間しか来ない、ほとんど外勤で社内にいない、といった事情は関係しません。会社の扱う個人情報にわずかでも触れる従業者はすべて社内規定の対象で、全員を網羅する行動規範の作成が求められます。面倒と感じるかもしれませんが、この網羅性がプライバシーマークの有効性を裏付けるものとなっています。

④パフォーマンス評価と内部監査、マネジメントレビューの実施

ＰＭＳを導入し運用しながらそれが適切に行われ、有効性を発揮しているかどうか、そのパフォーマンスを評価します。個人情報保護の達成状況、リスク対応計画の実施状況、教育・訓練の実施状況などの評価を行い、内部監査員による内部監査を実施し監査報告書をまとめます。この内部監査を適正かつ公平に行うことも、社内規定づくりと並んで、申請前に行うＰＤＣＡの重要なポイントの一つです。

さらにこの監査報告書に基づき事業者の代表者によるマネジメントレビューを実施し、改善指示書を作成、次のサイクルにつなげていきます。

⑤ＰＭＳの改善

実際の運用を通じて明らかになったＰＭＳの不適合に対しては、認証の基準に則り、実際の運用に合わせた是正処置および継続的な改善処置の決定を行い、実施します。その実施についても、有効性の評価を行い、必要に応じてＰＭＳの変更を行います。

⑥申請書類の作成と申請

ここまでで、ＰＭＳの策定から運用・評価・改善というＰＤＣＡの1サイクルが終了したことになります。この時点でようやく申請用書類の準備となります。

申請書類は非常に多く、プライバシーマーク付与適格性審査申請書をはじめ事業者概要、個人情報を取り扱う業務の概要、すべての事業所の所在地および業務内容、個人情報保護体制、個人情報保護マネジメントシステム文書の一覧、ＪＩＳ Ｑ １５００１との対応表、教育実施サマリー、内部監査実施サマリー、マネジメントレビュー（事業者の代表者による見直し）実施サマリー、最新の個人情報保護マネジメントシステム文書一式の写し、個人情報を特定した台帳の運用記録、リスク分析結果の写しなど、全部で23種類あります。これらをすべてそろえて審査機関に申請します。

申請は、業界別の「プライバシーマーク指定審査機関」が決められている事業者はそこに、それ以外の事業者はＪＩＰＤＥＣに行います。また地域区分に基づいて申請を受け付ける審査機関もあり、そこを通じて申請することもできます。

提出した書類については必要なものがすべてそろっているかどうか、記入に漏れがないかという形式審査が行われ、不備があれば、追加や訂正が求められます。

そのうえで審査機関は受理した書類の内容がＪＩＳ Ｑ １５００１に準拠したものになっているのかどうか、さらに文書化されたルールの内容、運用の実績などを一つひとつ確認していきます。その過程で要求事項に合致していないところがあれば、その点を申請者に指摘、それについては現地審査までに改善するように求めます。

⑦現地審査

現地審査では個人情報保護マネジメントシステム（ＰＭＳ）のとおりに体制が整備され、運用されているかなどについて確認します。プライバシーマーク付与に関する手続きで、最も重要となる工程です。２名の審査員が事業所を訪ね、半日から１日掛かりで調査を行います。

まず、事業者の代表へのインタビューが行われます。主な項目は事業内容や経営方針、個人情報に関する事故の有無、申請動機や個人情報保護の目的、個人情報保護方針や体制、ＰＭＳの継続的な改善方針などです。

さらにＰＭＳ運用状況について、個人情報を取り扱う業務ごとに個人情報の特定やリスクアセスメント、リスク対策および安全管理措置等の状況確認が行われます。また従業者の教育や内部監査などのＰＭＳ運用状況も確認します。

現場審査では、実施状況の確認が重視され、実際に個人情報を取り扱っている執務室や作業場で事業者が講じている安全管理措置を確認します。この審査は現場の状況により非常に詳細なものになることもあります。

例えば数年前にスマートフォンが急速に普及した頃のことですが「スマートフォンを、パソコンのＵＳＢポートからケーブルにつないで充電をしていないか」ということに注目した審査員がいました。本人としては充電をしているだけでも、実際にはデータを抜き取っているのか見た目では判断しにくいということがあります。仮にこの行為が日常的に許されるようになれば、万一データの流出や盗難があった場合、対応に遅れが出たり取り返しのつかない大きな事故へと発展したりする可能性もあります。この審査では、対策を明確にすることが必要という指摘が行われました。USBポートからケーブルにつないで充電するのではなく、専用充電器を準備し、プラグをコンセントにさして充電するなどのルール改正が必要になったのです。

どんなに「白」であっても「グレー」に見えるような行為をしない、あるいはさせないというルールづくりが必要ということです。

また現地調査では管理者が常駐していない支店や営業所などについても、社内の規定やルールの周知、徹底ができているかどうかというチェックが行われます。取り扱う個人情報の量は、本社が最大とは限りません。むしろ支店や営業所のほうが、より多くの情報を管理している場合があります。調査員はそれらも踏まえたうえで、現地調査を行います。

⑧現地審査指摘事項対応

調査終了後は、審査員からPMS運用において改善が必要であると判断された事項（指摘事項）などについて確認と説明が行われます。

なお、プライバシーマークの審査員は「プライバシーマーク付与適格性の審査を実施するために必要な知識及び技能を有すると認められ、プライバシーマーク指定審査員登録機関であるＪＩＰＤＥＣに登録されている方」のことをいいます。主任審査員、審査員、審査員補の３種類に分かれていますが、プライバシーマーク指定研修機関が実施する研修を修了し、所定の修了試験に合格し、審査の経験を積んでＪＩＰＤＥＣから認定されて業務についています。

現地審査で改善に関する指摘事項がある場合は、現地審査後にその内容が記された文書が送付されるので、文書に記載の日付から３カ月以内に改善報告書を改善のエビデンスを添えて提出することが必要です。その報告書で改善が認められればプライバシーマークの付与が行われます。もし３カ月を過ぎて指摘事項の改善が審査機関において確認できなければ、申請からやり直さなければなりません。いわゆる「認定不合格」がこれに当たります。

ＩＳＭＳの場合

マネジメントシステムの認証であるという点でＩＳＭＳ認証の取得の流れは、プライバシーマークと共通するものとなっています。

ＩＳＭＳも、ただ必要書類をそろえていきなり審査を受けるということはできません。まず自社でマネジメントシステムを構築し、実際に運用してＰＤＣＡを回してから、その結果を踏まえて申請書類を準備することになります。

①適用範囲の決定と情報セキュリティ基本方針の作成

ＩＳＭＳ取得に当たってまず決めなければならないのは、認証を取得する範囲です。これは、全社の範囲ですべての個人情報を対象とすることがあらかじめ決まっているプライバシーマークの場合にはない作業です。

全社とすることもできますが、特定の部署や拠点、あるいは特定のシステムなど、範囲を限定することができます。プライバシーマークは法人全体で全従業者を網羅して行動のルールを決めるものです。必ずしも全社の規模で認証取得が必要でなければ、絞り込んだ方が取得業務は楽になります。また付属研究所、分院といった単位ではプライバシーマークの取得はできないので、この点からＩＳＭＳが選択される場合もあります。

適用範囲を決めたあと、情報セキュリティに取り組む理由や目的、それを通して何を実現したいか、といった基本方針をまとめます。

②情報資産の洗い出しとリスクアセスメント・実施手順（マニュアル）の作成

情報セキュリティの対象となる情報資産をすべて洗い出し、それぞれについてどのようなリスクがあるかを明確にします。さらにそのリスクに対して、どのような対応策を取るのかを決定します。策定したリスク対応策を具体的なマニュアルとして作成し、実際に社内で情報マネジメントシステムを運用するための体制を整えます。

③パフォーマンス評価と内部監査、マネジメントレビューの実施

ＩＳＭＳを運用しながらそれが適切に行われ有効性を発揮しているかどうか、そのパフォーマンスを評価します。情報セキュリティの達成状況、リスク対応計画の実施状況、教育・訓練の実施状況などの評価を行い、内部監査員による内部監査を実施し監査報告書をまとめます。さらにこの監査報告書に基づき事業の代表者によるマネジメントレビューを実施し、改善指示書を作成、次のサイクルにつなげていきます。

④ＩＳＭＳの改善

実際の運用を通じて明らかになったＩＳＭＳの不適合に対しては、プライバシーマークと同様、認証の基準に則り、実際に運用に合わせた是正処置および継続的な改善処置の決定を行い、実施します。その実施についても有効性の評価を行い、必要に応じてＩＳＭＳの変更を行います。

⑤申請書類の作成と申請

ここまででISMSの策定から運用・評価・改善というPDCAの1サイクルが終了したことになります。このあとに、審査機関を自分で選ぶ必要があります。

認証を取得しようとする事業者は、まず自社に適当と思われる審査機関を選び、申請・契約を行います。規模や実績、審査費用も異なるので、事業案内や見積書なども取り寄せながら、比較検討のうえ、自社に合った審査機関を選定することになります。

審査機関が自由に選ばれることを反映して、ISMSの認定シンボルマークは、単独ではなく、常に審査機関のマークとセットで掲出されることになっています。

審査機関に提出する申請書類は認証を受けようとする範囲によって、また、審査機関によっても詳細は異なります。基本的には自社の事業内容や組織体制、システム構成やネットワークを明らかにしたもの、情報セキュリティのために組み上げたマネジメントシステムについての基本方針や詳細な仕組み、運用体制、マニュアル、さらに実際に運用の状況、教育実施サマリー、内部監査実施サマリー、マネジメントレビューなどが必要になります。

⑥2段階審査

申請書類が形式審査によって不備がないと確認されれば、申請が受理され、審査機関による審査が始まります。具体的な審査日数や審査工数は、認証範囲や審査機関の規模などによって異なりますが、審査が2段階で行われる点は共通です。

第1段階の審査は書類審査です。提出した書類に記載された情報セキュリティマネジメントシステムがISO／IEC27001の要求事項を満たしているかどうかが確認され、問題がなければ、第2段階の審査に進みます。

第2段階の審査では、代表者に対する聞き取りやマネジメントシステムを実際に動かす各部門の現場の実施状況がどうなっているか、実施状況が詳細に審査されます。

審査終了後、現場で指摘された不適合や問題点があれば改めて文書でその内容が通知されるので、どのように改善するか是正措置を書面でエビデンスとともに報告します。その内容が問題なしと認められれば、晴れて認証の取得となります。

審査機関が申請を受け付けてから2段階の審査を実施し、認証・登録となるまで、最短でも3～4カ月は掛かります。申請前の、マネジメントシステムの構築とその運用に3カ月程度は必要ですから、認証取得を目指して具体的に動き出してから認証取得までは半年から1年程度を見込むことが必要になります。

認証取得後は、認証の信頼性を維持する目的で、年に1回のサーベイランス審査と、3年ごとの認証の有効期限を更新するための全面的な審査が行われます。

［第4章］

「安い！」「丸投げで取得可能！」の謳い文句は危険
信頼できるPマーク・ISMS取得支援コンサルタントとは

信頼できるコンサルタント会社にアウトソーシングする

審査機関に提出する書類の作成者や提出者に、なんらかの経験や資格要件があるわけではありません。そのため、自社単独で取得するという選択肢ももちろんあります。

しかし法務に精通した社員をリーダーにして、プロジェクトチームをつくって取り組めば別ですが、一般の社員が通常の業務を続けながら勉強して、自社で取得を目指すのは極めて難しいといえます。

JISやISOの規格は法律の文書のように難解で理解しにくく、要求事項を一つひとつ自社に当てはめながら具体的なルールや運用体制をつくり上げていくのは容易なことではありません。しかも一度PDCAを回してレビューをしなければならず、そのあとに準備する書類も多岐にわたります。

例えばどこまでが個人情報なのか、その判断からして簡単ではありません。そこで迷って最初の情報資産の洗い出しが不十分になったり、逆に必要以上に細かくしてしまったりということも起こりがちです。その結果、情報セキュリティリスクに対して有効性の低いルールになってしまったり、逆に過剰で実現性に乏しく業務の妨げになるようなルールになってしまったりする可能性もあります。

専任の社員や専属チームに時間を与えて任せれば取得できるかもしれませんが、こうした業務を担えるのは、優秀で社内でも貴重な人材です。その人材を例えば1年間、認証取得業務にはり付けてしまうのは会社全体のリソースの配分として適正とは思えません。彼らが果たすべき役割は、社内にもっとたくさんあるはずです。内製化によって経費の節約ができたと思うかもしれませんが、その人あるいはそのチームの1年間の人件費はおそらくコンサルタント会社に払う金額に比べて何倍も、あるいは10倍以上高くなってしまう可能性もあります。それを考えれば、経費の節約にはなっていません。

しかもマネジメントシステムは、その維持・運用がポイントであり更新審査もあります。担当社員が社内の専門家として継続的に関わる必要が出てきます。社内の有望な人材を長く拘束することになり、業務遂行上大きなマイナスになりかねません。

プライバシーマークやＩＳＭＳの認証取得を自社単独で行ったほうがいいという積極的な理由は見当たりません。それよりは、取得支援業務を行っているコンサルタント会社に適切にアウトソーシングするのが、賢い方法だと思います。

しかも今は、ビジネスのスピードが以前とは比べものにならないほど速まり、業務の効率化も厳しく求められる時代です。その意味でも、プライバシーマークやISMSを自社のみのマンパワーで取得しようと考えるのは現実的ではありません。実際、9割以上の会社が、コンサルタント会社などをパートナーとして活用し取得しているといわれています。

それだけに、パートナー選びは大きなポイントです。取得ノウハウのすべてといってもいいかもしれません。良いパートナー選びこそスムーズな認証取得のために、また取得後の運用や更新を容易にするために、決定的に重要な鍵を握っているのです。

誰でも始められるコンサルタント会社は玉石混淆

プライバシーマークやISMS認証の取得支援を業務とするコンサルタント会社は数多く存在しているので、見つけるのは難しくありません。

ところが会社によってその知識や技量、経験、実績などに非常に大きな開きがあります。コンサルタント会社選びに失敗すると、資格取得に非常に長い期間を要したり、取得できなかったり、最終的に取得できたとしてもほぼ自社単独で行ったのと変わらない労力が発生したりした、などということになりかねません。

「取得できたものの、社内のリテラシー強化にはまったく結びつかず、情報漏えい事故発生の懸念が小さくなっていない」「更新時期がきたが、社内には相変わらず知見やノウハウがなく更新審査の準備ができない。このままでは失効してしまう」という声も少なくありません。

弁護士や税理士などのいわゆる士業には、すべて国家資格が必要です。理美容に携わること、電気や機械設備の取り扱いも免許や資格を要します。建設業、運送業なども、それを営むためには事業許可が必要です。ところが、プライバシーマークやＩＳＭＳ認証の取得を支援するコンサルタント業務には、一切、資格や免許は必要ありません。

もちろん、規制があればそれでいいというのではありません。また、質の低い業者は市場競争のなかで自然に淘汰されていく面もあるのかもしれません。

しかし淘汰は、サービスの提供者と受領者が対等な知識をもっているときにこそ機能することです。プライバシーマークやＩＳＭＳの取得は高い専門知識が必要です。ところが、一般的にサービスを受ける側にその知識がないケースが多くみられます。もっている情報量にあらかじめ大きな差があるのです。つまり、選別するのが難しいのです。

しかも、プライバシーマークやＩＳＭＳ認証の支援コンサルタント会社は、何度も試しに利用することができません。基本的には最初に依頼した1社を利用し続けるケースが多いのです。更新審査のときに切り替えるという方法もありますが、しかし「また別の業者に一から説明することが面倒」「つくった運用ルールを変えるのが大変」となるため、「前回は失敗したが、今回はうまく選ぼう」ということにはなり難いのが実情です。

このように、情報セキュリティ関連の認証取得のニーズの高まりに便乗するように「市場拡大している」「参入も簡単」と慌ただしく看板を掲げて、コンサルティング業務に乗り出す会社が増えているのです。

「丸投げＯＫ」を売りにするコンサルタント会社も

次に取り上げるのはプライバシーマークの付与機関でこの制度を統括・運用するＪＩＰＤＥＣ

が、コンサルタント会社の利用についてホームページ上に掲げている注意喚起の文書です。

「さて昨今、付与適格性審査の過程で、個人情報保護マネジメントシステム（以下、『ＰＭＳ』という。）に係る代行を謳う事業者等（以下、『代行業者』という。）にＰＭＳの構築から運用に至る活動（以下、『ＰＭＳ運用』という。）および付与適格性審査に係る申請・改善報告対応等を『丸投げ』している事業者が散見されております。プライバシーマーク制度は、事業者が主体的に構築したＰＭＳの体制とその運用状況がＪＩＳ Ｑ １５００１：２００６に適合しているかどうかを審査し、適合が認められた事業者にプライバシーマークを付与する制度です。ＪＩＳ Ｑ １５００１：２００６の３・１項『一般要求事項』には、『事業者は、個人情報保護マネジメントシステムを確立し、実施し、維持し、かつ、改善しなければならない』と規定し、３・３・４項でも『（前略）個人情報保護管理者を事業者の内部の者から指名し、個人情報保護マネジメントシステムの実施及び運用に関する責任及び権限を他の責任にかかわりなく与え、業務を行わせなければならない』とあります。この趣旨は、ＰＭＳ運用を事業者自らが責任をもって行うことを求めるものです。

当センターで本件への調査を行いましたところ、代行業者を利用される事業者各位においては、代行業者が提供・作成する運用方法、様式・記録等を最適化することなくそのまま使用したり、代行業者を現地審査時に同席させ改善報告書の作成まで対応させる等、自らの事業の実態に即したＰＭＳ運用が行えていない事実が多く見受けられました。このようなＰＭＳ運用は、当制度でいう『事業者自らが責任をもって運用する』ＰＭＳの趣旨に沿うものではございません。また、事業者の事業実態との整合がとれていないと、不適合への指摘件数が増え、大幅な内容の改善対応が必要となり、結果的に付与適格性決定に至るまで多大な時間と労力を要している実態も明らかになっております。更に申請事業者ではなく代行業者が当センターに書類を提出する際、誤配送の事故も起きており、当該申請事業者の責任が問われる事態にもなっております。

プライバシーマーク制度はコンサルタント事業者等が提供する専門サービスを活用し、教育や内部監査等の支援を受ける等、客観的な助言等を取り入れてPMS運用について効率的・効果的に取り組むことを否定するものではございません。事業者各位におかれましては、本制度の趣旨を再度ご理解いただき、代行業者にPMS運用を『丸投げ』することなく、自ら責任をもって実践して付与適格性審査に臨んでいただきますよう、重ねてお願いする次第です」

このような注意喚起の文書に「丸投げ」という生々しい言葉が繰り返し使われるのは珍しいことですが、それだけ制度運用団体の危機感が強いといえるかもしれません。

このJIPDECの注意喚起文書は直接的には申請事業者に対して、代行業者に丸投げした自社の実態にそぐわない内容で申請すべきではないといっているのですが、この事態の背景にあるのは、「プライバシーマークやISMSの運用に必要な事務局業務を経験豊富なコンサルタントが代わりに実施します」「プライバシーマーク取得に関する社内工数を限りなくゼロにします」と主張し宣伝文句にしているコンサルタント会社が残念ながら存在していることです。「丸投げの依頼、大歓迎」「それでもプライバシーマークは取れます」と公然と宣伝するコンサルタント会社があれば、「それは楽でありがたい」とつい考えてしまうと思います。

実際、制度運用団体は先のような注意喚起を行うと同時に、数年前から審査機関に提出する申請書にアンケートを設け、利用したコンサルタント会社名を記入することを求めるようになっています（図表7）。一部の業者へのチェックを強化する狙いです。

「丸投げしてください。あなたは何もしなくていいですよ」ということが、リスクヘッジを支援するコンサルタント会社として、正しいスタンスではないのは明白です。

マネジメントシステムの認証は、事業者の業務の実態に即した情報セキュリティの仕組みが有効に機能しているということの認証です。コンサルタント会社がテンプレートから選ぶようにして形だけ整えた「仕組み」がその会社で運用できるはずはなく、また、その担い手となる人たちも、自社と異なる雛形どおりの「仕組み」には思い入れも理解もなく、自社のもの、自分が従うべきものという自覚も生まれません。ＪＩＰＤＥＣの指摘を待つまでもなく、有効で継続的なマネジメントシステムが生まれるはずがないのです。

実際、情報漏えいが疑われるような事故が起こったときに、この机上のマネジメントシステムはまったく機能しないということが明らかになります。そして誰も有効な対処が行えないとなると、情報漏えいは止められず被害も拡散せざるを得ません。また、どこにどのような問題があったのか遡ることすらできません。

丸投げがもたらすのは、運用システムが機能しないということだけではありません。認証を得ようとする企業はコンサルタント会社に任せ過ぎた時点で、従業者の情報セキュリティに対するリテラシー向上は図られず、リスクヘッジ体制が内製化されるということもありません。

プライバシーマークはあるが有効なＰＭＳはない、というちぐはぐな状況が生まれてしまうのです。

［図表7］　プライバシーマーク付与適格性審査申請チェック表

一般財団法人日本情報経済社会推進協会
プライバシーマーク推進センター　　　御中

20　　年　　月　　日

プライバシーマーク付与適格性審査申請チェック表

プライバシーマーク付与適格性審査の申請にあたり、以下の必要書類が揃っていることを確認して提出します。

申請事業者名 ＿＿＿＿＿＿＿＿＿＿＿＿＿＿＿＿

申請担当者名 ＿＿＿＿＿＿＿＿＿＿＿＿＿＿＿＿

1．必須でご提出いただく書類

全てのチェック欄に「有」「○」「✓」等のチェック印が付いていることを提出前にご確認ください。

チェック欄	No	申　請　書　類
	1	【申請様式1新規】プライバシーマーク付与適格性審査申請書（代表者印の捺印必須）
	2	【申請様式2新規】事業者概要
	3	【申請様式3新規】個人情報を取扱う業務の概要
	4	【申請様式4新規】すべての事業所の所在地及び業務内容
	5	【申請様式5新規】個人情報保護体制
	6	【申請様式6新規】個人情報保護マネジメントシステム文書の一覧
	7	【申請様式7新規】JIS Q 15001との対応表
	8	【申請様式8新規】教育実施サマリー（全ての従業者に実施した教育実施状況）
	9	【申請様式9新規】内部監査実施サマリー（全ての部門に実施した内部監査実施状況）
	10	【申請様式10新規】マネジメントレビュー（事業者の代表者による見直し）実施サマリー
	11	登記事項証明書（「履歴事項全部証明書」または「現在事項全部証明書」）等申請事業者（法人）の実在を証す公的文書の原本（申請の日前3か月以内の発行文書。写し不可）
	12	定款、その他これに準ずる規程類の写し
	13	最新の個人情報保護マネジメントシステム文書一式の写し（【申請様式6新規】、及び【申請様式7新規】に記載の内部規程・様式の全て。なお、様式は未記入で空欄のままの見本）
	14	個人情報を特定した台帳、いわゆる「個人情報管理台帳」の運用記録（様式ではない）の冒頭1ページの写し
	15	上記14に対応する、いわゆる「リスク分析結果」の写し

2. 任意でご提出いただく書類

チェック欄	No	申　請　書　類
	16	教育を実施したことが確認可能な記録一式(「教育計画書」「教育実施報告書」等の運用記録や教材の写し、「理解度確認テスト」等の雛形)　※注1 ※注2
	17	内部監査を実施したことが確認可能な記録一式(「内部監査計画書」、「内部監査実施報告書」、「内部監査チェックリスト」等の写し)　※注1 ※注2
	18	マネジメントレビュー(代表者による見直し)を実施したことが確認可能な記録一式(「マネジメントレビュー議事録」の写し)　※注1
	19	会社パンフレット等

※注1：これらの書類を事前に提出していただいた場合、現地審査当日の審査がより効率・効果的なものとなり、審査の所要時間の短縮化につながります。

※注2：教育や内部監査の記録については、実施したことが確認できればよく、それぞれ数ページ分の写しを提出してください(全ての写しを提出していただく必要はありません)。

3. アンケート

(1)	グループ会社である複数事業者において同時期の現地審査のご希望がある場合、当該グループ事業者名をご記入ください。※注3
(2)	コンサルタント会社を利用している場合、その事業者名をご記入ください。

※注3：グループ会社とする範囲は、同一の個人情報保護マネジメントシステムをベースに運用している場合を対象といたします。なお、スケジュール調整のため、現地審査の実施時期が遅くなる可能性があります。あらかじめご了承ください。

4. EU域内に拠点を有している事業者より移転された個人情報を取り扱う事業者様へのアンケート

(1)	貴組織は、自社の子会社や支店を含むEU域内の事業者から十分性認定に基づき、個人情報の提供(移転)を受けていますか。 ①(　　)　提供を受けている。 ②(　　)　提供を受けていない。
(2)	貴組織は、国内の他の事業者がEU域内の事業者から十分性認定に基づいて提供(移転)を受けた個人情報について、その国内の他の事業者から提供を受けていますか。 ①(　　)　提供を受けている。 ②(　　)　提供を受けていない。
(3)	上記(1)、(2)の各①に該当する場合、どのような個人情報を取り扱っていますか。 ・(1)①に該当する場合： ・(2)①に該当する場合：

出典：一般財団法人日本情報経済社会推進協会「申請様式0新規」

丸投げOKを助長する事業者側のスタンス

「ゴールは認証マークを手に入れること。それなら、いちばん早く、安く、手間が掛からないのがいい」――プライバシーマークやISMS認証を得ようとする事業者側のこうした感覚も、丸投げしてくださいという悪質なコンサルタント会社が増えてしまう素地をつくっているといえます。

確かに取得のための書類などの準備には、面倒なものや、法律用語の知識や作成の経験さえあれば簡単でも初めてでは負担が大きいというものが少なくありません。すべてアウトソーシングできれば助かります。

しかし単なる伝票処理やデータ整理なら、アウトソーシングによる成果さえ手に入れればそれでよいといえますが、有効に稼働するマネジメントシステムをつくるうえでは、作業そのものは任せても、何のために、どういうものをつくるのかという目標や作成経過についての理解は欠かせません。

事業者は面倒なことは任せても、本質をきちんとつかんでおくことが重要であり、コンサルタント側からの「面倒なことは任せていただいて結構です。ただし、この工程の意味だけはしっかりつかんでおいてください」という働きかけが欠かせないのです。

確かにプライバシーマークは、その取得だけで売上に寄与し利益が増えるものではありません。しかし、だからといって、「手を抜き費用も抑えて、さっさとマークだけ取ればいい」というものではありません。プライバシーマーク取得の過程を有効に使って、本当に機能する自社ならではのマネジメントシステムをつくり上げ、かつ全従業者の個人情報保護に対するリテラシー向上を図ることにこそ、認証取得の意味があるといえます。

「丸投げ」では「セキュリティのことは全部外に任せたから、頭から外していい」ということになりかねません。これではいつか情報漏えいが起こる危険性をむしろ日々蓄積しているということになりかねません。

プライバシーマークやＩＳＭＳ認証の取得を、その過程においても結果においても価値のあるものにするためには、コンサルタント会社選びが非常に重要です。その段階から認証取得業務は始まっているといっても過言ではありません。

コンサルタント会社にはどのようなタイプの会社があるか

プライバシーマークやＩＳＭＳ認証の取得支援を謳うコンサルタント会社は、大きく分けて次の３つに分かれます。

１つ目は、経営戦略や事業戦略、業務プロセス、人事、情報システムなど、企業のあらゆる分野についてコンサルティングを行う総合コンサルタント会社です。その業務の一部として、ＩＳＭＳを含むＩＳＯやプライバシーマークの規格取得に関する業務を行っています。

２つ目は、プライバシーマークやＩＳＭＳなどの情報セキュリティマネジメントシステムの構築支援に特化して業務を行っている専業のコンサルタント会社です。企業規模はさほど大きくありませんが、認証取得支援を行う会社としては最も多く、実際の支援数でも全体の６～７割という大きなウエイトを占めています。

３つ目は、弁護士事務所や行政書士事務所、中小企業診断士、会社で品質管理や法務部門などに長年従事した経験をもち、ＪＩＳ規格やＩＳＯなどに詳しい個人などがコンサルティングを行っているケースです。小規模事務所の副業、あるいは定年退職後のセカンドキャリアなどとして進められていることが多くなっています。

また、業務スタイルからみると、こちらも大きくは3つに分けられます。

1つ目は「セミナー・レクチャー型」です。

プライバシーマークやISMSについて、それがどのような認証で、業務遂行上どのような意味があるか、さらに認証を取得するためにはどのような手続きが必要かといった基本的な知識をセミナーやレクチャーの形で提供することを基本とするものです。実際の取得業務は、認証を得ようとする事業者が主体となって行い、困ったときに相談に乗ったりアドバイスしたりするなど、後方から支援するというスタイルを取ります。

総合コンサルタント会社や個人事務所などが、主にこのスタイルを取っています。

2つ目の業務スタイルが「代行型」です。

近年問題になっている「丸投げ」も、この代行型の一種です。マネジメントシステムの構築や運用、そのレビュー、さらにそれに基づいた申請書類の作成などを一貫して請け負い、代行していくスタイルです。

［図表８］　コンサルタント会社の特徴

コンサルタント会社のタイプ	特徴
セミナー・レクチャー型	プライバシーマークやISMSの概要、取得方法などの基本的な知識を、セミナーやレクチャーの形で提供することを主体にする。
代行型	PMSの構築・運用、レビュー、申請書類の作成などを一貫して請け負う。「丸投げ型」もある。
伴走型	基本的な知識を伝えつつ、実務については丁寧に現場でサポート。一部、業務の代行も担う。

代行を極限まで進めることが事業者の利益になると考える業者は、その事業者の扱う個人情報などの特性や業務のスタイル、組織体制といった個別の事情を顧みず「通りやすい」書類を準備し、経験とノウハウだけで取得してしまおうとします。現地審査で指摘された要求事項への不適合の改善対応まで引き受け、「書面回答」でよいことを利用して、あたかも是正措置が取られたかのようにみせるというテクニックさえ使われています。極端な代行型の会社は審査機関においても要注意会社としてマークされ、そこに依頼した事業者は近年では逆に非常に厳しい審査を受けるようになっています。

そして３つ目が「伴走型」です。

これは「セミナー・レクチャー型」と「代行型」

の、いいところを合わせたスタイルということができます。

まず、プライバシーマークやＩＳＭＳ認証の取得の意義や、運用体制の構築の仕方や実際の運用面での配慮点などを事業者の事業内容や組織の特長などを踏まえて丁寧にレクチャーすることを行います。

そして、実際の運用体制づくりやその後の実行、評価、改善のプロセスについては、マラソンの伴走者のように、同じ道を同じペースで一緒に走ります。ただし、事務的な手続きや繰り返しの単純作業、様式に沿った文書の作成などは積極的にアウトソーサーとして担います。

この伴走型も代行型同様、規模としては情報セキュリティ関連のコンサルティングを専業とする会社に多く見られるスタイルです。

こんなコンサルタント会社には気をつける

プライバシーマークやＩＳＭＳ認証の取得に当たっては、コンサルタント会社を上手に活用し、過重な負担を避けながら、会社に根づき運営していけるシステムの構築と、社内のリテラシー向上を実現し、情報漏えいを起こさない体制を会社として確立することが必要です。そのためにも、コンサルタント会社の選択は非常に重要です。

例えば「業界一の安さですという言葉に惹かれて頼んだ。結果としてプライバシーマークが取れるなら、安いに越したことはないと思ったからだ。しかし、交通費や移動時間を節約するためか、電話やメール、ウェブでのやりとりばかりで、定型のフォーマットや過去に他社で使ったらしいサンプル、一般的なマニュアルを示して、これに沿って書類を作成してくださいと言うばかり。分からないことだらけで、こちらに来ていろいろ教えてほしいと言うと追加料金になるという話で、結局、当初提示された金額の倍以上になった」などというような声を企業の担当者から聞いています。

安い価格を提示するコンサルタント会社は、雛形を示してあとはそれを見ながらやってください、というスタイルが一般的です。安い分だけ自社の担当者や担当部署の負担は大きいと考えておく必要があります。そのほか注意すべきコンサルタント会社の特徴は次のとおりです。

①業務内容への理解がない

担当のコンサルタントに業界についての基本的な理解がない場合、一から説明するのに非常に時間が掛かります。それだけでストレスを感じることとなります。また、最近の業務システムやクラウドサービスなどについての知識が浅いといったケースも多く見受けられます。各企業ではIT活用による業務改善が進んでおり、それについての基本的な知識も業界を問わずコンサルタントの備えるべき知識です。

コンサルティングをする企業に関する業界知識や業務知識がなければ、その企業に合ったマネジメントシステムの提案は当然できません。

②具体的な業務は結局自社で全部やることになった

名前もよく耳にする大手のコンサルティングファームに依頼したのはいいのですが、認証取得までの流れや申請者がやるべきことについての解説だけをして終わりというケースもあります。具体的なマネジメントシステムの設計については、手順書を渡されただけだったという場合もあります。

一般に大手のコンサルティングファームが、申請事務の詳細にまで立ち入ってマンツーマンの支援業務を行うことはありません。費用対効果が期待できないからです。

③十分なレクチャーが受けられなかった

とにかく全部任せてください、むしろ口を挟まないでくれ、と言わんばかりのコンサルタント会社もあります。社内の営業部門から顧客対策上、プライバシーマークが一刻も早く欲しいと言われていたので、早いのはありがたいと思ったが、こちらが入り込めず、十分な知識を得ることができないまま出来上がってきたマネジメントシステムは、社内の実態とかけ離れていて、実際の運用が難しかったというケースもあります。

「丸投げ型」のコンサルタント会社は「認証取得関連業務はすべて任せてください。短期間で取ります。あなたは自分の会社の仕事をしていてください」という方針です。

違反となる現地審査の立ち会いまで、社員を装って行おうとしたケースもあります。これでは仮に初回の審査が通ったとしても、マネジメントシステムとして日常的に運用することができず、情報セキュリティが確保できたことになりません。2年後の更新も覚束ないものとなってしまいます。

④専属のコンサルタントではなかった

大手企業に多くみられますが、契約後に訪ねてきたコンサルタントは、よく聞くとその大企業の社員ではなく、外注の別会社の社員だったというケースもあります。

このような下請け専門のコンサルタント会社に業務単位で委託し、その会社の社員であるかのように振る舞わせているケースは少なくありません。しかしこの場合、コミュニケーションが取りにくいのはもちろん、責任の所在も曖昧になります。プロジェクト完了後の保守・運用もカバーできない恐れがあります。さらに、データ管理の信頼性にも不安が残ります。

プライバシーマークの取得支援コンサルタント会社は、業務のなかで当然顧客企業の個人情報などを預かります。弁護士や税理士、行政書士などは当然秘密保持義務が法律で定められていますが、コンサルタント会社やコンサルタントに法律による定めはありません。そのため自らプライバシーマークを取得して、個人情報保護の体制を確立するのが当然といえます。ところが、現実には、プライバシーマークを取得していないコンサルタント会社のほうが多いのです。

⑤独自の有料ツールの話をしつこくもちだされた

比較的コンサルティング料金の安い会社と契約して実務を始めてもらったが、頼んでもいないのにセキュリティ対策商材やIT管理システム、オンライン教育ツールなど、プライバシーマーク取得には直接関係しない商材の売り込みが続くといったケースもあります。

プライバシーマーク取得支援業務はあくまでもきっかけづくりで、その後の情報セキュリティコンサルティングやシステム導入に関する営業・販売が狙いという意図をもった会社もあります。プライバシーマーク取得支援業務はその一部でしかなく「営業のきっかけになればよい」「商材を含めたトータルな売上が目的」という方針のため、仮にプライバシーマークが取得できても、その運用や継続、更新に関するフォローよりも物販が優先されることになり、長期的な信頼関係を築くことができません。

プライバシーマークやISMSの取得を検討する企業の規模や状況、環境はさまざまです。それぞれの顧客の立場に立ったパートナーとしてのコンサルタント会社であれば、中立的なスタンスに立ってその会社にとって適切なレベルでツールを推奨しなければなりません。自社独自の商材や代理店として販売活動をしているサービスなどを強引に当てはめ、売り込もうとする会社には注意が必要です。

⑥運用を有料で代行したり、丸ごと請け負うことを提案された

いうまでもなく、運用はプライバシーマークを取得した事業者が行うからこそ意味があるのであり、それこそが情報セキュリティに関する事故を防ぐために行うマネジメントフローなのです。

パートナーとしてのコンサルタント会社に運用を丸ごと任せ切ってしまえば、当然ながらその会社のリスクはなくなりません。事務局業務の代行は非常に危険な行為であり、これを促すような会社は要注意です。

また。取得や更新プロジェクト終了後の質問や相談を有料制にしている会社もみられますが、これも良心的とはいい難い存在です。

本来、サービスがしっかりと行われていれば取得後の相談は非常に少なくなるはずです。そもそもその会社が構築したルールに基づいて、万一のアフターケアが必要な場合は無償で行うべきものです。取得後に費用を支払わないと質問ができないというような関係性は正しいとはいえません。

安心できるコンサルタント会社を選ぶときのチェックポイント

残念ながらプライバシーマークやＩＳＭＳの認証取得支援コンサルタント会社選びでは、さまざまな失敗が多く生じているのが現状です。

日頃から大手のコンサルティングファームが経営のサポートに入っているという会社であれば、プライバシーマークやＩＳＭＳ認証の取得を思い立ったときの相談もすぐにできると思います。また、顧問弁護士や税理士、日頃から付き合いのある中小企業診断士や行政書士がいれば、ひとこと声を掛けて情報をもらうということもできます。

ただし、彼らが詳しい情報をもっているとは限りません。

インターネットの検索サイトで、「プライバシーマーク、コンサルタント会社」などとキーワードを打ち込んで探すという人も多いかもしれません。

しかしそこで表示される多くのコンサルタント会社のなかから、しかも耳あたりのいい山のような宣伝文句のなかから、自社に合った会社を1社選ぶのは至難の業です。コンサルタント会社選びで失敗しないために押さえておくべき10のポイントは次のとおりです。

①安いことを、最大の売りにしていないか

そもそもプライバシーマーク取得は、どんなに急いでも約半年間は密着したサポートを

受けることが欠かせません。マネジメントシステムの構築、その実践とレビュー、改善、それに基づいた申請書類の作成、従業者への周知資料の作成と社内教育の実施、実地審査のポイントのサポート、現地審査時に指摘を受けた改善報告書の作成支援などが必要であり、このためにはある程度の費用も掛かります。大量生産できる商品を売るのであればともかく、コンサルティングというサービスを提供しようとするのに極端に「安いこと」が最大の売りになること自体、考えにくいことです。

小規模の事業者を対象とした場合のサポート範囲別のコンサルティング料金の相場は、概算するとおおむね次のとおりです。これを参考に、安過ぎないか、高過ぎないかを判断してください。

・取得に関するアドバイスのみ……25万円～
・具体的な指導、文書の雛形作成、申請後の口頭フォローなど……50万円～
・文書の完全作成を含んだトータルサポート……70万円～

この水準から大きく外れている場合は、どのような業務がいくらなのか、何が別料金なのか、詳細な見積もりを求めることが必要です。

また最近では月額いくら、という料金体系のコンサルタント会社もあります。しかし、プライバシーマークやISMSの特性上、毎月決まったサービスを提供するサブスクリプションサービスなど必要ではないので、月額いくらという体系は本来意味をなさないのです。総額を安くみせるテクニックともいえますが、どの業務がいくらなのかという価格の詳細が見えなくなっていることも問題です。

②「必ず」と「スピード」ばかりを重視していないか

「取得すると決めた以上、少しでも早く取得してしまいたい」「委託元との契約更新が3カ月後にあるが、次年度からはプライバシーマークをもっていなければ受託できないらしい。安定した事業だから絶対に失注できない」といった声が社内から挙がる場合があります。そういう事情がなくても、だらだらと時間を掛けることはほかの業務にも影響するものであり、なるべく早期に取得したいと考えるのは自然なことだと思います。その心理につけ込むかのように、「必ず半年で取得できます」といったことを謳い文句にするコンサルタント会社があります。

しかし、マネジメントシステムの認証であるプライバシーマークは、個人情報保護マネジメントシステム（ＰＭＳ）を構築し、それを1回以上運用してＰＤＣＡを回し、その後に申請書類の作成となります。申請書類作成まで1カ月掛かるとすれば、ＰＭＳの構築と初回の運用とそれを踏まえたＰＤＣＡサイクルをとてつもなく早く進めることになるため、企業の状態や内容によっても「必ず半年で取得できます」とまでは言えないはずです。

できるとすればどの会社でも通用するような汎用的なものをどこからかもってきて運用したことにして、これも最初から想定されているような型どおりのレビューをして申請書類の作成に取り掛かるということです。

しかし、それらしい申請書類はできても、実態にそぐわないＰＭＳでは仮に認証が得られても実際には運用できず、2年後の更新ではかえって手間が掛かることになります。取得がスピーディに行われることは価値のあることですが、スピードばかりを強調するコンサルタント会社には注意が必要です。

③「何もしなくていい」「楽して取れる」を売りにしていないか

審査機関が「丸投げはすべきでない」「丸投げを求めるコンサルタント会社を使うべきでない」と公式に発信していることから、自社の個人情報保護体制をつくり上げることが「業者丸投げ」でできることではないということは明らかです。

またこうした会社は、プライバシーマーク取得の最大の山場となる審査員による現地審査についても、自社の社員を派遣して審査員の質問などに対応させ、調査を無事に終わらせようとしたという報告もあります。もちろんこの「立ち会い」は審査側が最も注視している違反行為です。

「プライバシーマーク付与適格性審査に関する約款」でも「乙（プライバシーマーク申請事業者）の従業員以外の者が審査に立ち会った場合は、甲（審査員・審査機関）は審査を打切ることができる」と定めています。この約款をかいくぐるために、あるコンサルタント会社は、顧客会社が自社の社員と雇用契約を結ぶことを提案して、あくまでも現地調査に立ち会わせようとした例があります。こうしたことは、決してあってはならないことです。

しかも現地審査が打ち切りになると、その後1年間は実質再申請が認められません。もし打ち切りとなった審査が新規の申請ではなく更新のためのものであれば、取得していたプライバシーマークは更新できずに失うことになります。もし、マークの保有が前提となった業務を請け負っていれば、その仕事も失ってしまうことになります。

取得業務の無駄を省いたり、単なる反復的な作業を避けるためには、アウトソーシングは当然考えるべきことです。しかしプライバシーマークの取得過程は同時に、有効な個人情報保護体制の構築や、それを機能させて個人情報保護を確実に行うことができる会社になろうという社員のマインドをつくり上げていく過程でもあります。

「丸投げOK」というコンサルタント会社は、そういうことはしなくていいと公言しているに等しく、そうした会社への依頼は、決して価値のあるものになりません。仮に1回はマークの取得ができても、それを継続していくのは難しいのです。

④コンサルタント会社自身がプライバシーマークをもっているか

プライバシーマークの取得コンサルティングを業務としているのに、もっていない会社があるのかと思うかもしれません。

しかし実態は、あるどころではなく全体の6～7割がもっていないという現状です。いうまでもなくプライバシーマークの取得支援を依頼する場合、自社の事業内容や業務形態、個人情報の取り扱い方法など、多くの社外秘の情報をコンサルタント会社と共有することになります。従業者の個人情報も多くを預けることになります。

ところがプライバシーマーク取得を支援するコンサルタント会社は、それを管理する法律はもとより、業界団体や自主規制のためのガイドラインはありません。その意味では、プライバシーマークを自主的に取得し、顧客の個人情報を守る体制を取ることが必要です。しかし、大半の会社ができていません。

そもそも自らが取得のコンサルティングを行う以上、誰に言われなくても経験として取得しようと思うのが普通です。ノウハウの蓄積という意味だけでなく、事業に立ち向かう姿勢として当然のことだと思います。プライバシーマークを取得済みのコンサルタント会社であることは、選択の必須条件と考えるべきものです。

⑤プライバシーマークの取得支援実績を公開しているか

コンサルタント会社が今までプライバシーマークの取得支援に成功した実績の数字がどのくらいあるか、それを自社のホームページなどで公開しているかは選択の大切なポイントの一つです。取得実績は、コンサルタント会社の実力を推し量る重要なデータだからです。

ただし数字が公開されていても気をつけなければいけないことがあります。

「3000件超の導入実績」「1カ月で40社を超える企業を支援」といった数字が誇らしげに並んでいることがあるのですが、その数字の多くがプライバシーマーク以外のほかのJISやISO関連のコンサルティングサービスなどを加えている場合が多いのです。プライバシーマークに限った数字をきちんとチェックしてください。

そのうえで確かに取得実績が多く、また申請数に対する取得成功率が高ければ高いほど多くのケースに携わっているので安心と考えることができます。

⑥サポート範囲を示しているか

コンサルタント会社によって、請け負う業務の範囲は大きく異なります。同じ会社で、いくつかのコースを提供している場合もあります。

どこまでのサポートを受けるのが適切か、予算やプライバシーマーク取得に割くことのできるリソース、希望する取得時期までの時間的な猶予などを総合的に考えて、コンサルタント会社が提供してくれるサービスのメニューを見ながら決めることが必要です。

適切な個人情報保護マネジメントシステムの構築や運用、レビューの仕方についても指導してくれるのか、さらには取得後の更新についても支援してくれるのかといったことも検討事項です。

コンサルタント会社のなかには地域に利用可能な補助金制度があるかどうかを探し、申請手続きまでサポートしてくれるところもあります。

もちろん何から何までコンサルタント会社任せにしてしまえば、費用はどんどん積み上がってしまいます。提供されるサービス内容と自社が求めるサービスを突き合わせ、総費用との関係でメニューを組み立てていくことが必要です。

⑦自社で運用できるＰＭＳを構築してくれるか

プライバシーマークの取得は、その取得の過程を含めて、自社に最適なＰＭＳを構築し、継続して運用していけることが目的です。そのため、自社単独でＰＭＳを運用できる体制を構築することが必要です。

ところがコンサルタント会社のなかには、意図して膨大な業務量の過剰なＰＭＳを構築しようとするところがあります。

ＰＭＳの項目が多くなると、自社の本来の業務と並行して自社単独でＰＭＳを回すことが難しくなるため、当初の構築だけでなく運用も含めてコンサルタント会社に依頼しようかと思ってしまいます。当然、費用も継続的に掛かってしまいます。

残念ながらそれを狙いにしたコンサルタント会社が多いのは事実です。プライバシーマーク取得のあとも継続して支援業務が発生すると、売上になるからです。もちろん依頼した側にすれば、業務コストが増え、収益に影響します。

そもそも自社単独で担えないほどのＰＭＳが本当に必要なのか、常に外部の助けを得なければ回らないＰＭＳは、プライバシーマークの本来の目的に沿っているとはいえません。

自社で担えないようなＰＭＳを必要だと主張するコンサルタント会社は、顧客の利益より自社の利益を優先しているといえるかもしれません。

⑧必要以上の設備投資の誘導がないか

コンサルティングのなかでセキュリティ関連ソフトや情報漏えい防止機能の付いたＯＡ機器など、高額な設備の導入が提案される場合があります。

ＰＭＳの確立と並行して、社内の情報セキュリティ体制の改善につながる設備を導入することは否定されることではありません。しかし、それがプライバシーマーク取得のために必須の設備であるとは限りません。ＰＭＳは、そのようなハードウエアに依存してつくるものではないからです。

関連する設備として考えられるのは入退室管理関連のものや鍵付きロッカー、あるいは社内教育用の動画といった程度で、新たに規模の大きなハードウエアやソフトウエアが必要になることはありません。

それにもかかわらず、安易に高額な設備の導入を提案するコンサルタント会社には要注意です。お金をかけずにルールで解決する手段はいくらでもあるのです。

コンサルティングのなかで新規の設備導入の提案が行われた場合は、プライバシーマーク取得のために、どのような意味や効果があるのか、なくてはならないものなのか、しっかりと確認することが必要です。

⑨自社の業界知識をもっているコンサルタントか

プライバシーマーク取得支援の実績が豊富で規模の大きなコンサルタント会社でも、各業界・業種について、それぞれの事情に明るい専門性の高いコンサルタントが所属しているかどうかはまた別です。

しかし業界・業種に精通していることは、有効なPMSをつくり上げるために欠かせません。なぜなら業界・業種ごとに業務の形態や細かいルールがあり、それによって個人情報を取り扱う業務の性質なども異なってくるためです。

例えば人材派遣業とシステム開発業、通信教育業ではいずれも膨大な個人情報を扱いますが、情報を扱う部署や人数、利用の仕方、更新や保管の仕方はそれぞれ大きく異なります。長期的に運用するＰＭＳをスムーズに構築するためには、依頼するコンサルタント会社に、担当する会社が所属する業界や、その会社の業務について理解があるコンサルタントが存在することが必要です。

業界特有の商慣行やビジネスモデルなどを知らないコンサルタントにＰＭＳの構築を任せっきりにしてしまえば、自社の事業に即したものにならず、運用しにくく、また運用中にトラブルが頻発する可能性もあります。もちろんコンサルタントが、担当を契機に、業界知識やその会社のビジネスモデルを新たに学びながら、それを業務に活かすことも考えられますが、時間と手間が掛かり、依頼元の会社はストレスを抱えることになります。コンサルタント会社との正式契約前に、自社の業務をよく知っているコンサルタントに担当してもらえるのかどうかあらかじめ確認することが重要です。

経験が豊富で幅広い業界知識を有しているという点では、現役の審査員や審査員経験者をコンサルタントとして数多く擁している会社は、依頼先としても有望です。現場審査を通してさまざまな業界を経験しているだけでなく、社内での審査員同士の交流もあるため現場審査での指摘事項やそれに対する対処策など、最新の情報やノウハウをもっています。それがコンサルティングにも活かされてくるため、ＰＭＳの構築にも最新の知見を適用することができ、修正の指摘を受けることが少なく完成度の高いマネジメントシステムづくりが可能になります。

⑩導入すべきセキュリティ商材やサービスを中立な立場で紹介してくれるか

⑧の内容と矛盾するように感じるかもしれませんが、プライバシーマークやＩＳＭＳの取得業務を進めていくうえで、プロの立場から必要に応じてさまざまなセキュリティ商材やサービスの導入を案内してくれることも、コンサルティングを受けるうえでのメリットです。その会社に本当に必要なサービスであれば、そのタイミングで導入するのもよいかと思います。

ただし、販売代理店となっている特定の企業や独自開発のセキュリティ商材を勧めてくるコンサルタント会社には注意が必要です。良いコンサルタントであれば、その会社に過不足ない最適なサービスをピックアップして推奨してくれるはずです。そのコンサルタント会社自身や子会社、グループ会社などが提案した設備を扱っており、新規導入の契約を結ぶとコンサルタント会社にマージンが払われるという仕組みになっているという場合があるのです。

以上、10のチェックポイントに沿ってコンサルタント会社の選定、または更新時での見直しを進め、依頼先候補をある程度絞り込んで、最終の1社を選ぶときには3社程度から相見積もりを取るのがベストです。相手のコンサルタント会社にも、他社にも見積りを依頼している旨は伝えてください。それが相見積もりを取る際のエチケットであり、またそれによって相手に競争意識が生まれ、選定後もしっかりとプロジェクトを進めてくれるはずです。

［第5章］

業界別、Ｐマーク・ＩＳＭＳを取得した成功事例

事例①　業務の委託元に感謝され、受注増を実現

S社　デザイン業　社員15名／プライバシーマーク取得

S社は小規模なデザイン会社で、営業、デザイナー、ライター合わせて社員15名です。大手の制作プロダクションとの付き合いが長く、主に金融関係の会社案内や業務案内、サステナビリティレポートなどの制作業務を受託してきました。

もちろん元請けとなる制作プロダクションはプライバシーマークを取得しており、クライアントとの間ではNDA（Non-Disclosure Agreement：秘密保持契約）も結んでいます。しかし委託先の一つであるS社とは、一般的な「取引契約書」を結んでいるだけでした。そのため制作プロダクションはS社に対して、委託先としての合否の判断や、個人情報の取り扱いがどうなっているかということについて毎年「委託先アンケート」でチェックするという作業を繰り返していました。

「これがお互いに面倒だったんです。ただでさえ忙しいスケジュールのなかで、制作業務

とはまったく異なる作業をお互いにしなければなりません。制作プロダクションとは長いお付き合いで信頼関係も厚いのですが、あるとき当社を担当する人が新しい人に変わって『すみません！　委託先調査の件、忘れてました！　すぐ送るから急いで記入して返信してください』ということになったんです。当社は小さな会社ですから私も現場で作業に追われています。しかしこの件も放ってはおけない。仕事を中断してアンケートに記入して返信しました。すると、制作プロダクションの総務からチェックが入ったのか、修正・加筆の依頼が来て、またそれに従って書き直して返信……。こちらも慌ててやっているせいか記入ミスなどもあり、そんなやりとりが2、3日の間断続的に続いたんです。するとそれを横で見ていた社員が『社長、プライバシーマークを取ったほうが手間が掛からないんじゃないですか？』と言うんです」

S社の社長はプライバシーマークのことは知っていたものの、自分の会社のような小さな事業者には縁がないものと考えていました。それに社長仲間から「結構費用が掛かる」とも耳にしていたので、取得の検討をしたことがなかったのです。しかし進言した社員は、最近中途入社したメンバーで、前の勤務先は大手の広告代理店のグループ会社でプライバシーマークをもっていました。

「うちみたいなところでも意味があるの？」

「あります。委託元が楽なんですよ。今社長がやりとりしているような委託先調査とかアンケートなどがいらなくなりますからね。だからプライバシーマークを取ると、うちの信用が上がるのはもちろんですが、うちに委託してくる委託元にもメリットがあるんです。うちを管理することが楽になり、おおもとのクライアントからもちゃんとした会社に再委託しているということで評価される。それは、回り回ってうちのメリットにもなります。これからはマイナンバーがらみとか、個人情報の扱いはうちみたいな小規模の会社でも絶対増えますから、この際プライバシーマークの取得はありだと思いますよ」

こうした会話がきっかけになってS社はプライバシーマークの取得に取り組み、コンサルタント会社も使いながら8カ月で無事取得しました。そのことを委託元の制作プロダクションに報告すると「ありがたい」という言葉がすぐに返ってきたそうです。

「ちょうどクライアントから『お宅の委託先は大丈夫？』と言われていたのだそうです。クライアントから見れば、委託先の企業は直接見えるし管理できるから安心でも、そこがさらに委託している先がどうなっているかは直接見えませんからね。しかも、情報漏えい事件は、大概この再委託先で起こるんです。委託先がプライバシーマーク取得企業、さらにその先の再委託先もプライバシーマーク取得企業ということになれば、クライアントも安心できます」

また再委託先、再々委託先への監視強化の要請も高まっています。

「自社のためだけでなく事業を委託してくる会社の業務を軽減することにつながり、ひいては、受注の安定・拡大につながるという視点はなかったのですが、実際プライバシーマーク取得後は、委託先としてのうちの評価は上がりましたし、受注業務も増えました。どうせ出すならうちにと考えてくれているようです。プライバシーマーク取得のメリットはこういうところにもあるんですね」とS社社長は振り返っていました。また元請け―委託先―再委託先という事業のつながり全体で個人情報保護において強いものになったことは、社会的な貢献としても大きなものがあったといえます。

事例② プライバシーマーク取得により利用者の不安を解消

K社 健康・美容関連ECサイト運営 社員3名/プライバシーマーク取得

K社は、健康・美容関連の情報提供やサプリメントを販売するECサイトの運営会社です。起業してまだ2年ですが、一人ひとりの健康状態や体質などに合わせた丁寧なコンサルティングや、同じようなタイプの人のデータを基にした的確なレコメンド情報などが好評で、SNSでも評判になり会員数が急増、売上も伸びています。

しかし、それに伴って心配も出てきました。

「サイトを訪れた人や会員から『個人情報の扱いはどうなっているんですか』という問い合わせが非常に多いんです。誰でも会社名を知っているような大手企業でもありませんし、会社の歴史が浅く、規模も小さいということはどなたにも分かります。それに、ご自分の健康美容関連の情報については誰でも神経質になりますよね。以前、大手のエステサロンで5万件近い個人情報の漏えい事件があって、単なる住所とか名前だけじゃなくて美容関係のアンケート内容まで公開されてしまったことがありました。だから皆さんとても気にしているんです。当社のサイトでも『個人情報保護方針（プライバシーポリシー）』をはじめ『個人情報の収集』『個人情報の利用』『個人情報の提供』などについて、個人情報保護の法律や関連法規に沿った『お約束』を掲示していますが、これはどこの会社も同じような文章で、受け取る皆さんにしたら説得力はないんです。そこで、プライバシーマークを取ることにしました。起業時から一緒にサイトを運営している同僚は『なんか大げさじゃない？　そもそも3人の会社で取れるの？』という反応でしたが、2人以上なら大丈夫と耳にしたことがあったので、コンサルタント会社を探して取得することにしました」

社長が言うように、2人以上の法人ならプライバシーマークは取得できます。しかもECサイトでさらに個人のセンシティブな情報を扱うのであればプライバシーマークを取得して管理の厳格化を図り、それを対外的にアピールして安心してサイトを利用してもらうことは事業者にとって大切な取り組みです。個人情報の件数は決して多くはなく、また事務所の規模は小さく、基本的に来客もないような事務所ですから、個人情報の取り扱いや保管についても複雑で大がかりな仕組みをつくる必要はありません。社員教育も3人の範囲ですから、準備や実施に手間が掛かることもなく現地調査も長時間を要するものにはならないはずです。取得に当たって費用は掛かりますが、小規模事業者なら申請料、審査料、登録料すべて合わせても30万円強です。コンサルタント会社を使う場合は、別途その費用が掛かりますが、手間から考えればそれほど高額にはなりません。

しかもこうした取得費用の大半は必要経費や外注費として損金扱いになるので、最終的には大きな負担にはならないのです。また自治体によっては、プライバシーマーク取得費用の補助制度を運用しているところもあります。

K社は計画どおりにプライバシーマークの取得ができ、ホームページ上にも掲げることができました。

「因果関係を示す詳細なデータはありませんが、プライバシーマークを掲げて以降、明らかに受注が増えました。特にほかの要因は見つからないので、プライバシーマークをもっていることの安心感が伝わっているのではないかと思います。プライバシーマークを取得してからは、単にマークを掲げるだけでなく、私たちが本当に小さな会社なのになぜこのマークの取得を思い立ったか、それについても独自のページを設けてお伝えしているのですが、アクセス分析でアンケート送信の前や注文の確定前にこのページを見ている人が多いことが分かっています。やはりそれだけ自分の個人情報を気にされていたんだなと改めて感じました。ほかのサイトとの差別化にもなっていますし、取得して本当によかったと思います。４月には新卒を８名採用し一気にスケールを目指しています！」

消費者から見れば自分の個人情報がどう扱われるかということと会社の規模の大小はまったく関係がありません。「小さい会社だからプライバシーマークは不要」というのは、事業者側の思い込みでしかないのです。センシティブな個人情報を扱うのであればなおさら、プライバシーマークは取得すべきです。それは、事業と顧客に向き合う誠実な姿勢をアピールするものにもなり、プラスの効果となって返ってくるものです。

事例③　社内に統一的でしっかりした個人情報保護ルールを確立

M社　広告代理店業　社員30名／プライバシーマーク取得

M社は、広告代理店業を営む設立間もない会社です。クライアントは不動産や住宅関係の会社が多く、少しずつ事業を広げてきました。顧客管理システムの提案などのために、顧客名簿の一部を預かり、開発会社などと一緒に作業を進めることからプライバシーマークの取得を進めることにしました。社長がそれを決断するきっかけになったのは、ある「紛失事件」です。

「営業担当者が終業後に居酒屋に行ってスマホを忘れてきたんです。多少酔っ払っていたし私物のスマホのほうは持っていたので、翌朝まで忘れてきたことに気づかなかったんですね。朝になってないことが分かって、その居酒屋に電話しました。運よく早出で仕込みをしていた従業者と話すことができて、座っていた場所を伝えて探してもらったら、確かに椅子の下から出てきたそうです。すぐ取りに行きますと言って、出勤前に無事手元に取り戻したのですが、問題はそこからでした。本人は軽く考えていたのでそのまま午前中の仕事をして、やがてお昼休みになってから、『いやあ昨日酔っ払っちゃって、スマホを……』などと軽く同僚と話していたんです。それを耳にした総務の人間が、それはまずいと言いだしました。スマホをなくしたのはEという人間なんですが『Eさん、ほんと？　それまずいよ。立派な情報漏えい事故じゃないか。社内に報告を上げて、すぐ動かなければいけなかったことだよ』と指摘したんです。でもEは『だけど盗まれたわけでもなく、椅子の下に落ちたままだったわけだし、すぐに回収できた。それに秘密情報みたいなものは入っていないしね』と、やんわり反論したんです。『いやそれは甘いでしょ』と総務のメンバーは引き下がりませんでした。『自分が管理できず、誰でも触れる状態で10時間くらい放置されていたわけでしょ？　そのまま同じところに落ちていたといっても、勘ぐれば誰かが触ったあとでそこに戻したのかもしれない。機密情報はないといっても、取引先の電話番号はたくさん並んでいるはず。そもそも、機密情報があったか、なかったかを判断するのはEさん本人じゃないよ』と。私は横で聞いていて多分、そのスマホから重大な情報が誰かに渡ってしまった、ということはなかっただろうなとは思いましたが、情報漏えい事故だと判断すべきだという指摘もよく分かりました。でもそこで私がいちばん思ったのはEと総務の言っていることのどちらが正しいのかではなく、こういうことで統一したルールがない、これはまずいなということだったんです。何か起こるたびにこんな議論をしているわけにはいかない。だからプライバシーマークを取ろうと思い立ちました。以前から総務からは言われていたことでもあったんですがね」

社長の言うとおり、どちらの解釈が正しいのかではなく、社内に統一したルールがあり、それが浸透していることが重要なのです。

プライバシーマークというのは個人情報保護のルールを決めて、実際に運用するために取得するものです。保護すべき個人情報とはどの範囲のものか、その漏えいとはどういう事態なのか、それが分かったとき誰にどう報告し、どのような対処をするのか、その反省をどのように行い、いかにして新たなルールに反映するのか、この仕組みをつくっていつでも動かせるようにするのがプライバシーマークを取得するということです。このケースでも、従業者にスマホに入っている情報は個人情報だという共通認識があらかじめあり、それを紛失したら社内のどこに報告・相談し、どう対処するか、というルールが明確なら、Eさんはもっとしっかりとした対処ができたはずです。例えば今、スマホのデータは遠隔で消去できます。それをすぐしなさい、こう操作すればできる、というアドバイスをその場で受けることもできたはずです。社長が「個人情報保護に関する共通ルールと仕組みがないことがまずい」と受け止めたことが重要なのです。それがないままではまた同じことが起こり、起こした当人が緩めの判断をする人だったら大事件に発展してしまうかもしれません。そしてそれが個人任せであったとしても、場合によっては損害賠償責任を一人で負うことになります。

社長はすぐに総務がすでに依頼先候補としてリストアップしていたコンサルタント会社に連絡を取り、二人三脚でプライバシーマークの取得業務に取り組みました。

「個人情報と考えるべきものの範囲が明確になり、対応する組織体制も、運用の仕組みもでき、社員向けの講習会で内容についての議論もできました。1年掛からずにプライバシーマークが取得できましたが、対外的な信用力の向上はもちろん、社内が一つにまとまり、何があってもすぐそれに即応して動く体制ができたことがいちばんありがたいですね。『それまずいんじゃない?』『ああ、確かに!』という会話が普通にできるようになりましたから」

プライバシーマークは、取得の過程が大切です。そのなかでいかに社員の意識を高め、一つにまとめていくかが問われます。それができたときにはじめて、プライバシーマークをもつ事業者にふさわしい存在になれるのだと思います。

事例④　入札要件に加わったＩＳＭＳに急遽対応して応札

Ｆ社　システム受託開発会社　社員50名／ＩＳＭＳ取得

Ｆ社は、地方の中核都市に拠点をおきエンジニアを抱えるシステム開発会社で、大手メーカーや自治体のホームページのシステム開発などを中心に事業を行っています。社員は50名ほどです。市役所の総務課、観光振興課などとの付き合いが長いのですが、ある日、顔なじみの担当者から「今度正式発表になりますから、秘密でもなんでもないのですが、来年度からの当課の事業の指名競争入札はＩＳＭＳの保有が今までより高い評価点になります。私の個人的な感覚でいえば、もっていないと総合評価点は相当低くなると思いますよ」という話があったそうです。F社社長は危機感をもちました。

「うちの仕事の6割以上が入札関連で、失注すれば会社が立ち行かなくなってしまいます。競合会社はたくさんあるのですが、そのなかで小さい会社ながらも仕事の質が評価されて受注を継続してきました。ちょうど翌年は3年契約の最終年度で、改めて入札からの受注競争です。ＩＳＭＳが絶対に必要になったと思いました」

当社の社長は知り合いの社長からＩＳＭＳ取得支援専門のコンサルタント会社を紹介してもらい、すぐに連絡を取って取得に向けての取り組みを始めました。入札まで残すところ10カ月でしたが「それだけあれば間に合います」という返事だったそうです。

「取得に躊躇はなかったですね。いずれそうなるとは思っていました。特に行政は個人情報の取り扱いが非常に多いですし市民の監視も厳しい。『事業の委託先が市民の個人情報に接する機会もあると思うが、どういう管理環境下にあるのか』ということは、すでに市議会でも質問が出ていますし、市の広報紙上には市民から『市民の個人情報の保管方法はどうなっていますか？』というＱ＆Ａなども載っていました。ですから、ＩＳＭＳは早晩必須になると思っていたんです。最終的には業者の選定は総合点で決めるとはいっていますが、事実上ＩＳＭＳは必須要件だと思います。そうしておけば、万一情報漏えい事故が起こっても、市役所側では業者の選定自体について『ＩＳＭＳ取得の有無を重くみて選定している。そのために、ＩＳＭＳ取得支援事業にも取り組んでいる』と主張することができるでしょう」

Ｆ社はこれまでも自治体が示すガイドラインに沿って厳格な個人情報の取り扱いを行っていたので以前からつくっていた仕組みも活かして、目標とした期間内にＩＳＭＳの取得を実現し、入札にも間に合いました。

「まだ入札の結果は出ていませんがＩＳＭＳがなかったら、他社との競争以前の問題でしょう。いくら『仕事の実績がある、評価も高かった』といっても、それだけでは通用しない時代だと思います。行政と仕事をするならこちらの会社の規模や受注額に関係なく、ＩＳＭＳは必須になっていると思いますね」

デジタル庁も発足し、行政においては中央・地方を問わず、マイナンバーの活用やさまざまな広報活動や手続きにおいてのデジタル化が今後急速に進みます。入札参加など事業の受託を考えるなら、ＩＳＭＳの取得は最低限必要です。それを早々にクリアしたＦ社は、本来の制作物の質で他社と競っていく体制ができたといえるのです。

事例⑤　クリニックが保有する情報セキュリティ体制をアピール

Dクリニック　健康・検査センター　スタッフ30名／ISMS取得

Dクリニックは、総合病院付属の臨床検査部門です。心電図、エコー、脳波などを調べる生理機能検査と、血液、尿、組織などを調べる検体検査の両方を担い、さらに検査技術を活かした健康診断や人間ドックなどの医療サービスを展開しています。

「当然のことですが非常に多くの個人情報を取り扱います。医師や薬剤師だけでなく、看護師や臨床検査技師もその資格を定める罰則付きの法律による守秘義務が課せられていま す。しかし個人の資格者だけでなく、受付や総務をはじめクリニックの全従業者が個人情報保護に高い関心をもち、責任感、使命感をもって業務に当たらなければならないと思いました。当初はプライバシーマークの取得を検討しましたが、当クリニックは付属機関であることから、単独で取得できるＩＳＭＳの認証を目指すことにしたんです」

医療機関における個人情報の取り扱いは医療事故に直結しかねない重大性をもっており、また病歴や健康状態などの情報は非常にセンシティブなもので、個人情報保護への厳格な取り組みが求められています。患者側の「あのクリニックの個人情報管理はどうなっているか」という関心も非常に高まっています。個人情報保護法でも「医療関連」は「金融」「電気通信事業」などとともに特定分野ガイドラインが定められています。

また、最近はＩＴの導入も進み、情報システムは医療機関の業務運用上、非常に大きな位置を占めるようになりました。情報システムの停止は医療行為に大きな影響を与えるものであり、個人情報保護にとどまらずその対策も非常に重要になっています。医療機関における情報セキュリティが維持できなければ、信用・ブランドイメージの低下による信頼や患者の喪失、システム停止による医療サービスの低下や診療報酬の減少、さらには訴訟や賠償請求、法的な処罰などが考えられ、クリニック経営の根幹に関わります。その意味でＤクリニックの取り組みは大きな意義のあるものになりました。

Ｄクリニックでは法人全体が対象になると極めて大がかりな取り組みになってしまうことから、付属施設であるクリニック単体に範囲を限定して取得できるＩＳＭＳ認証を目指しました。

なお、プライバシーマーク制度でも、大手病院や開業医、薬局、介護施設、サービス、医療システムなどの医療・介護関連機関が扱う情報の特殊性に鑑み、専門化したプライバシーマーク「ＭＥＤＩＳ」を設け、審査機関も一般財団法人医療情報システム開発センター（ＭＥＤＩＳ‐ＤＣ）という専門機関によって行う独自のメニューをもっています。マーク付与のための審査はやや専門的なものになるので、コンサルタント会社を選ぶときは、あらかじめ対応が可能か、チェックすることが必要です。

その後、Ｄクリニックでは、当初のスケジュールどおりにＩＳＭＳの認証を取得することができました。

「取り組みを終えて思うのは、思い切ってチャレンジして本当によかったということです。目標を『個人情報の保護』『医療事故防止』『クリニックの機能維持』と定め、それぞれについてどのような脅威や脆弱性があるのか、そして顕在化するリスクに対してどのように対処するのか、体系立てて一つひとつ検討することで新たに気づけたリスクもあり、それに対する対処方針も定めることができました。何よりの成果は、職員全員が情報セキュリティという課題を自分の問題として考え、日頃何に注意すべきか、万一のときはどうするかということを考えてくれたことです。職員自身もやるべきことが整理されて働きやすくなったと言ってくれています。当クリニックの職員のセキュリティレベルは、認証取得の過程で明らかに高まったと思いますね。これからはいざというときにも、慌てずに対処できると思います」

今後は医療機関でもプライバシーマークやISMS認証の取得が増えていくと思います。認証の取得がDクリニックのように職員の意識向上につながれば、患者・利用者からの信頼性向上とともに、情報漏えいなどのセキュリティ・インシデントの発生防止にも大きな役割を果たすことになると思います。

おわりに

今、私たちの社会では、SNSやモバイルデバイス、さまざまなセンサーネットワークによって、これまで得られなかったデータが取れるようになり、それらがもたらす新たな発見や気づきによって、今までにないサービスやビジネスが次々と誕生しています。今後も、5Gの本格的な普及などによって収集されるデータは増え続け、特に個人に紐付けられたデータがさらに新しいサービスを生み、より快適な暮らしや社会をつくっていくことと思います。

しかし、こうしたデータの利活用には、個人情報の保護をはじめとする厳重なプライバシーとセキュリティ対策が求められることはいうまでもありません。データの不用意な取り扱いから、万一情報漏えい事故を引き起こせば、その事業者には損害賠償という経済的負担のみならず、製品販売やサービス提供の中止、株価の下落、あるいは株式上場の延期といったビジネスの機会損失が発生するだけでなく、失った社会的な信用を取り戻すためにも莫大なエネルギーが必要になります。新たなデータ活用社会を生き抜き、次の時代を切り拓いていく担い手になるためには、データセキュリティに関する万全の備えが欠かせません。

本書でご紹介したように、プライバシーマークやＩＳＭＳの取得は、そうした備えを中小企業でも簡単に体系的に行えるものであり、コンサルタント会社の選び方も参考にして、ぜひ取り組んでいただきたいと思います。

私が代表を務める会社も、プライバシーマークとＩＳＭＳの取得支援コンサルティング業務を通算14年以上にわたって行っています。

実は私はこの事業を始める前はＤＭ発送代行をメインとするデータベースマーケティングを主要事業として起業しました。我々も仕事柄業務に欠かせないと考えてプライバシーマーク取得を決め、当時あるコンサルタント会社と契約したのですが、制度の概要は教えてくれたもののそれ以上はあまりうまくいかず、高額のコンサルティングフィーだけを支払った苦い経験があります。

驚くと同時に、それなら自力で取得しようと一念発起し、プライバシーマークに関するあらゆる情報を調べて準備を重ね、２年がかりで取得しました。非常に苦労しましたが、自分たちだけで進めたからこそ客観的にとらえることができたと思います。

私はこの経験から我々と同じような課題をもつ会社があるというニーズを見つけたのです。当社のような悔しい思いをする事業者がないよう、取得を計画する事業者に寄り添って確実な取得と正しい運用のサポートをしたいと思い、２００８年にこれまで業界で当たり前に行われていたスタイルを打ち破った認証支援サービスを開始しました。これまで累計２３００社以上のプライバシーマーク取得や更新に携わらせていただき、今では当社の主要事業となっています。

私たちは今後も、プライバシーマークやＩＳＭＳの取得支援を通して、安心でビジネスの機会損失のない健全な情報活用社会を実現し、お客さまの新たな成功と継続的な企業価値の向上に貢献していきたいと考えています。

本書を手に取っていただいた皆さまと一緒に不安のないテクノロジーピースな社会を創っていきたいのです。

最後に、私に起業家としての在り方を教えて頂いたメンターの株式会社オフィスバンクの森村社長、ともに長い挑戦に賛同してくれてる社員のみんな、いつも身勝手な私をあたたかくサポートしてくれる妻にこの場をお借りし心より感謝申し上げます。

本書がこれからプライバシーマークやＩＳＭＳを取得されスケールしていく企業の指針になることを願っております。

令和４年３月

仲手川 啓

仲手川 啓（なかてがわ けい）

株式会社ユーピーエフ代表取締役。2003年、24歳の時に現在の会社の前身であるデータベースマーケティング事業「上野企画（個人事業主）」を起業。その後、個人情報保護法改正でビジネスモデルの見直しやリーマンショックの煽りを受け、2009年に当時一事業部として行っていた情報マネジメントシステムの構築支援とセキュリティコンサルティングを本格化し事業転換。同社は「経営者がおすすめのPマークコンサル会社部門」「Pマーク取得コンサルアフターフォロー満足度部門」「医療関係者に最も選ばれるPマークコンサル会社部門」「上場企業従業者に最も選ばれるPマークコンサル会社部門」（調査企画：日本マーケティングリサーチ機構）で1位を受賞している。

本書についての
ご意見・ご感想はコチラ

Pマーク・ISMSを取ろうと思ったら読む本

二〇二二年三月二六日　第一刷発行

著　者　仲手川 啓
発行人　久保田貴幸
発行元　株式会社 幻冬舎メディアコンサルティング
〒一五一-〇〇五一 東京都渋谷区千駄ヶ谷四-九-七
電話 〇三-五四一一-六四四〇（編集）
発売元　株式会社 幻冬舎
〒一五一-〇〇五一 東京都渋谷区千駄ヶ谷四-九-七
電話 〇三-五四一一-六二二二（営業）
印刷・製本　中央精版印刷株式会社
装　丁　村野千賀子

検印廃止

Printed in Japan　ISBN 978-4-344-93835-9 C0004
幻冬舎メディアコンサルティングHP　http://www.gentosha-mc.com/